Diplom-Volkswirt Peter Collier
Diplom-Wirtschaftswissenschaftler Michael Sielmann
Diplom-Volkswirt Reinhard Fresow
Dipl. Betriebswirt Volker Wedde

Geprüfte/r Fachwirt/in im Gesundheits- und Sozialwesen werden!

Intensivtraining für eine erfolgreiche IHK-Prüfung
Zwei Situationsbeschreibungen mit je vier kompletten
Aufgabenstellungen zu allen Handlungsbereichen

3., aktualisierte Auflage

weConsult – Verlag

Lektorat und Schlussredaktion: Dipl. Volksw. Peter Collier
Umschlaggestaltung: Anita Schreiner, Würzburg
weConsult-Verlag Peter Collier, 97222 Rimpar/Würzburg
www.weconsult-verlag.de
info@weconsult-verlag.de
3. Auflage 2016
Im Vertrieb des Fachverlags Schiele & Schön, Markgrafenstr. 11,
10969 Berlin, service@schiele-schoen.de
Satz: TeXService, Bremen
Druck: CPI books GmbH, Leck
ISBN 978-3-7949-0904-9

STATT EINES VORWORTS ...

Sie wollen Fachwirt im Gesundheits- und Sozialwesen werden? Herzlichen Glückwunsch! Ja, wir möchten Ihnen viel Glück wünschen. Denn wir glauben, dass Sie einen guten und richtigen Entschluss gefasst haben.

Aber Glück, das hat auch in diesem Falle nur der Tüchtige. Derjenige also – um einen Abstecher zu Goethe zu machen – immer strebend sich bemüht. Und dabei möchten wir Ihnen helfen.

Wir hoffen, das Buch hilft Ihnen, die Prüfung erfolgreich zu meistern. Nehmen Sie es aber bitte nicht als Ersatz für das Lernen mit Manuskripten oder Lehrbüchern.

Ganz neu haben wir in dieser Auflage Hinweise, in welchen Prüfungen der letzten Jahre die jeweiligen Themen bereits abgefragt wurden. Das wird Ihnen zusätzlich helfen, sich auf die Prüfung effizient vorzubereiten. Gehen Sie aber bitte davon aus, dass die gleiche Aufgabe zumeist nicht unverändert, sondern in einem neuen Gewand erscheint!

Wenn Sie uns gelegentlich sagen, ob es Ihnen genutzt hat, oder wenn Sie Verbesserungsvorschläge haben, freuen wir uns.

Und setzen es kurzfristig in der nächsten, aktuellen Auflage um.

Natürlich freuen wir uns auch über eine gute Bewertung in einem der bekannten Internetportale oder bei den online-Anbietern wie Amazon.

Peter Collier und das Autorenteam

INHALTSVERZEICHNIS

1 | ÜBER STUDIENGANG UND PRÜFUNG

1.1 ZIEL DES STUDIENGANGS

Der Fachwirt im Gesundheits- und Sozialwesen soll die Qualifikationen und Erfahrungen besitzen, um in verschiedenen Bereichen und Einrichtungen des Gesundheits- und Sozialwesens, insbesondere in ambulanten, stationären und teilstationären Einrichtungen, Verbänden als auch bei einer selbstständigen Tätigkeit, eigenständig komplexe verantwortliche Aufgaben unter Nutzung betriebswirtschaftlicher Steuerungsinstrumente auszuüben. Auszubildende und Mitarbeiter geleitet und motiviert werden. Bei der Steuerung und Optimierung aller betrieblichen Vorgänge sind wirtschaftliche und rechtliche sowie soziale, ökologische und ethische Grundsätze zu beachten und regionale, nationale und internationale Rahmenbedingungen zu berücksichtigen.

So definiert die Rechtsverordnung die Aufgaben eines Fachwirts im Gesundheits- und Sozialwesen. Deutlich wird daraus: Reines Aneignen von Lernwissen reicht nicht. „Eigenverantwortlich" Aufgaben zu lösen, setzt vielmehr ein tieferes Verständnis voraus. Dieses Buch soll Ihnen dabei behilflich sein, in Zusammenhängen zu denken.

Deshalb sollten Sie auch nicht nur diejenigen Fächer ernst nehmen, deren Fragen Sie in der Prüfung erwarten. In der beruflichen Wirklichkeit ist die Fähigkeit, systematisch Probleme analysieren zu können und Lösungen zu finden, wichtiger als das Einzelwissen. Aber auch für die Prüfung selbst ist die Fähigkeit unverzichtbar, das Gelernte selbständig anzuwenden. Wie oft begegnen uns in Prüfungen junge Menschen, die verzweifelt versuchen, zu der Klausurfrage in ihrem Gedächtnis eine auswendig gelernte Antwort wiederzugeben, statt durch Nachdenken eine Lösung zu finden. Auch die Aufgaben, die Sie in Ihrem Beruf zu lösen haben, kommen nicht aus dem Lehrbuch. Deshalb ist es so wichtig, dass Sie das Herangehen an Probleme erlernen und dann erst das Faktenwissen. Wir wollen mit diesem Buch einen Beitrag dazu leisten.

1.2 DIE PRÜFUNGSORDNUNG – UND WAS DAHINTER STECKT

Durch die Rechtsverordnung vom 21. Juli 2011 wurde der bisherige Fortbildungsabschluss „Fachwirt im Sozial- und Gesundheitswesen" nicht nur umbenannt, es wurde auch die Prüfung total geändert. Nach der alten Prüfungsordnung können Prüfungen noch bis 2015 abgelegt werden. Wie stets, wenn eine neue Prüfungsordnung in Kraft tritt, haben die Pioniere ein Problem: Es gibt noch wenig bewährtes Material, und es liegen erst wenige neue Klausuren vor, an denen man sich orientieren könnte.

Dieses Buch trägt dazu bei, das Problem zu lösen. In der schriftlichen Prüfung sind ausgehend von einer betrieblichen Situationsbeschreibung zwei aufeinander abgestimmte Aufgabenstellungen in je fünf Stunden zu bearbeiten. Die Autoren haben für dieses Buch – ausgehend von Prüfungsordnung und Rahmenstoffplan sowie den bisherigen Prüfungen – zwei verschiedene Situationsbeschreibungen entwickelt und zu jeder der beiden je vier komplette Aufgabenstellungen mit Fragen aus allen Handlungsbereichen erstellt. Die Gewichtung der Handlungsbereiche in diesen Aufgabenstellungen orientiert sich an dem, was für die Prüfung vom DIHK empfohlen wird.

Prüfungstag und Prüfungsablauf sind überall gleich. Auch die Zulassungsvoraussetzungen sind einheitlich geregelt. Zur Prüfung kann zugelassen werden, wer einen „verwaltenden, medizinischen oder handwerklichen Ausbildungsberuf des Gesundheit- und Sozialwesens" erlernt und eine mindestens einjährige Berufspraxis vorzuweisen hat. Damit sind auch Pflegekräfte zur Prüfung zugelassen.

Was oft verwechselt wird: Für die Teilnahme an einem Vorbereitungskurs gibt es keine „Zulassungsvoraussetzungen". Die gelten für die Prüfung und müssen also erst am Tag der Prüfung (und nicht der Anmeldung!) erfüllt sein. Man kann also mit der Teilnahme an einem Kurs bereits beginnen, wenn die Anforderungen an Berufspraxis noch nicht erfüllt sind. Und ein weiteres häufiges Missverständnis: die Teilnahme an einem Kurs ist keine Zulassungsvoraussetzung! Wie sich der Prüfling auf die Klausuren vorbereitet ist seine Sache, und letztlich ist er mit oder ohne Kurs auch selbst verantwortlich dafür, ausreichend vorbereitet zur Prüfung anzutreten.

1.3 WIE BEREITET MAN SICH AM BESTEN AUF DIE PRÜFUNG VOR?

Das Thema allein gibt Stoff für ein ganzes Lehrbuch. An dieser Stelle sollen einige grundsätzliche Hinweise genügen.

Verstehen Sie die Lehrfächer als Teil des Ganzen! In der Praxis hängen die verschiedenen Fächer, die in Lehrgängen getrennt behandelt werden, eng zusammen. Ein Beispiel: Die Führungskraft muss zugleich Fragen der Kapazitätsauslastung, der Kosten und Erträge, des Personals, der Beschaffung, der Finanzierung und viele weitere Größen beachten. Überlagert werden alle Entscheidungen von rechtlichen Normen, die einzuhalten sind. So wäre es das Verkehrteste, wenn Sie ausgerechnet in einem Studiengang, der Sie auf die Tätigkeit als Führungskraft vorbereiten soll, nach dem Muster von Führerscheinprüfungen Frage für Frage büffeln. Stellen Sie sich auch darauf ein, dass eine Frage ganz anders formuliert sein kann, als Sie sie im Seminar gelernt haben. Suchen Sie nach dem Schlüsselwort, auf das es bei einer Frage ankommt. Eine gute Methode ist es auch, einfach um ein Thema herum neue Fragen selbst zu formulieren. So schärfen Sie Ihren Geist auch für die Praxis. Gute Hilfsmittel hierfür sind auch Fallstudien und Gruppenarbeiten.

Lernen Sie auch das Wissen, das Ihnen nicht prüfungsrelevant scheint! Rhetorik zum Beispiel wird als Fach nicht geprüft. Aber eine Führungskraft, die nicht einmal die Grundregeln der Rhetorik beherrscht, fällt sehr schnell bei ihren eigenen Mitarbeitern durch. Im Mittelpunkt des Managementkreises steht die Kommunikation. Kommunikation hat mit reden zu tun. Wer die Sprache nicht beherrscht, beherrscht auch nicht das Denken.

Beginnen Sie früh mit dem Lernen! Sie werden dann merken, dass Sie dem Unterricht ohne große Probleme folgen können. Wer erst zwei Monate vor der Prüfung beginnt, der wird es nur noch zum sturen Büffeln bringen. Vielleicht besteht er damit sogar die Prüfung. Nur: eine Führungskraft, die das Prädikat „Fachwirt" auch verdient, ist er dann mit Sicherheit nicht.

Nutzen Sie Testaufgaben! Manche Seminaranbieter verfügen über eigene Manuskripte mit Testfragen. Sie bieten auch eine Hilfestellung für die Selbstüberprüfung, ob man den Inhalt verstanden hat. Beantworten Sie die Fragen schriftlich und prüfen Sie danach Ihre Lösung nach dem Manuskript.

Bilden Sie Arbeitsgruppen mit Ihren Freunden und Studienkollegen! Keiner weiß alles, aber jeder weiß irgendetwas. Solche Arbeitsgruppen können zur Vorbereitung auf die Prüfung sehr hilfreich sein. Sprechen Sie den Prüfungsstoff dabei frei durch, formulieren Sie Inhalte mit eigenen Worten.

Fragen Sie, fragen Sie, fragen Sie! Wie oft haben wir als Dozenten schon vor Gruppen gestanden, die stundenlang treuherzig schauten und zustimmend nickten – obwohl die meisten nur die Hälfte verstanden. Besser gesagt: Wie oft hätten wir schon stundenlang vor solchen Gruppen gestanden, wenn wir nicht von uns aus immer wieder Fragen in die Gruppen hineingetragen hätten. Doch auch ein engagierter Dozent kann mit seinen Fragen immer nur einen kleinen Teil der Gruppe packen. Die Mehrzahl bleibt außen vor, geniert sich und hofft, den Stoff vielleicht hinterher irgendwann zu verstehen!

Sie müssen für ein solches Studium eine Menge Geld zahlen. Sie haben ein Recht, jede Frage zu stellen. Haben Sie Mut. Sie werden feststellen, dass Ihre Frage ein Echo in der Gruppe findet, dass Ihre Kollegen hinterher sagen, dass sie die gleiche Frage auf der Zunge gehabt haben – aber sich nicht trauten. Fragen zu beantworten ist eine der wichtigsten Aufgaben eines jeden Dozenten. Hierfür muss auch Zeit zur Verfügung stehen.

Sorgen Sie dafür, dass Sie vor einer Prüfung fit sind! Damit meinen wir auch: körperlich fit. Es genügt nicht, sich mit Wissen vollzustopfen. Es ist grundverkehrt, sich in der letzten Minute vor einer Prüfung noch Formeln einzupauken. Treiben Sie am Tag vor der Prüfung Sport, joggen, schwimmen oder faulenzen Sie einfach. Sorgen Sie für ausreichend Schlaf, denn in guter körperlicher Verfassung die Prüfung zu beginnen, ist wichtiger, als am Tag zuvor acht Stunden zu pauken! Wir treffen auch in mündlichen Prüfungen Teilnehmer, die noch im Manuskript pauken, wenn sie vor dem Prüfungsraum warten. Überrascht es Sie, dass diese Teilnehmer während der Prüfung Konzentrationsprobleme haben?

Nehmen Sie Nervosität und Aufregung als normal hin! Jeder gute Künstler hat Lampenfieber. Nicht einmal ein Profi geht ohne Aufregung an den Start. Ein bisschen Aufregung tut auch ganz gut. Machen Sie sich nicht zusätzlich dadurch nervös, dass Sie meinen, Sie müssten nun ganz ruhig sein. Das kann kein Mensch, der eine Höchstleistung vollbringen soll. Und eine solche wollen Sie ja vollbringen. Darauf haben Sie viele Monate hingearbeitet.

1.4 DER ABLAUF DER SCHRIFTLICHEN PRÜFUNG

Die schriftlichen Prüfungen sind die Kernbereiche der Abschlussprüfungen. Die Prüfung gliedert sich in zwei Klausuren von je fünf Stunden Dauer, die an zwei aufeinanderfolgenden Tagen geschrieben werden. Beiden Klausuren, in der Prüfungsordnung Aufgabenstellungen genannt, liegt eine gemeinsame betriebliche Situationsbeschreibung zu Grunde. Sie enthalten Fragen zu allen sechs Handlungsbereichen:

- Planen, Steuern und Organisieren betrieblicher Prozesse
- Steuern von Qualitätsmanagementprozessen
- Gestalten von Schnittstellen und Projekten
- Steuern und Überwachen betriebswirtschaftlicher Prozesse und Ressourcen
- Führen und Entwickeln von Personal
- Planen und Durchführen von Marketingmaßnahmen.

Beide Aufgabenstellungen werden zusammen gewertet. Konkret bedeutet es, dass für jede von den Korrekturen maximal 100 Punkte vergeben werden und aus diesen beiden Punktebewertungen dann ein Durchschnitt gebildet wird. Um zu bestehen muss dieser Durchschnitt mindestens 50 Punkte betragen.

Vor der Prüfung nicht vergessen: Die Anmeldung bei der IHK! Eigentlich ist diese Aufforderung total überflüssig. Denn natürlich denken Sie ja daran, Ihre Anmeldung rechtzeitig und vollständig bei der IHK abzugeben. Oder? Nun soll es aber tatsächlich vorgekommen sein, dass selbst gestandene Männer und erfahrene junge Frauen darauf gebaut haben, der liebe Gott (oder der Studienträger) werde das schon richten. – Er tut es nicht! Und „rechtzeitig" bedeutet bei den meisten Kammern: mindestens drei Monate vor dem Beginn der Prüfung! Fügen Sie auch sämtliche Unterlagen bei, die Ihre Berechtigung für die Prüfungszulassung nachweisen, also Abschlusszeugnis und Tätigkeitsbescheinigungen.

Für die schriftliche Prüfung stellt ein Ausschuss der deutschen Industrie- und Handelskammern Aufgaben für die bundeseinheitliche Prüfung zusammen. Grundlage für die Erstellung dieser Aufgaben ist nicht, was genau in IHREM Textband steht oder was IHR Dozent gesagt hat. Grundlage ist einzig und allein der bereits erwähnte Rahmenstoffplan. Und erwarten Sie bitte nicht, dass die Abschlussprüfung lediglich Definitionen und enges Faktenwissen von Ihnen fordert. Das wäre wohl auch ein bisschen zu billig. Die Prüfungsfragen sollen zu zwei Dritteln Kenntnis- und nicht reine Wissens-Fragen sein. Der Unterschied: Für „Wissensfragen" genügt ein gutes Gedächtnis; für die Beantwortung von Kenntnisfragen muss man den Stoff verstanden haben. Entsprechend sind die Fragen in den Klausuren durchweg handlungsorientiert gestellt. Die sogenannten Multiple-Choice-Fragen haben die Kammern aus gutem Grund bereits vor Jahren aus Fachwirte-Prüfungen gestrichen: Von Ihnen als angehender Führungskraft wird verlangt, dass Sie mit eigenen Worten Zusammenhänge erläutern und Antworten auch begründen können.

Ein Tipp: Lesen Sie sich eine Frage lieber zweimal durch! Sie glauben gar nicht, wie oft z. B. das Wörtchen „nicht" überlesen wird! Einige Fragen verlangen die Nennung bestimmter Begriffe. Da heißt es z. B. „Nennen Sie drei anlassbezogene Formen von Mitarbeitergesprächen." Hier reicht es, wenn Sie schreiben: „Beurteilungsgespräch, Kritikgespräch, Zielvereinbarungsgespräch". Hierzu noch ein Tipp: Es soll Prüflinge geben, die, weil sie die richtige Lösung nicht wissen, einfach einmal alles Mögliche hinschreiben – in der Hoffnung, dass das Richtige schon dabei sein wird! Es würden jedoch in diesem Falle nur die ersten drei Begriffe gewertet werden. Werden Sie aber aufgefordert: „Erklären Sie ..." oder „Erläutern Sie ...", dann werfen Sie bitte dem Prüfer nicht nur einzelne Brocken hin, sondern schreiben Sie ganze Sätze! Und dann gibt es noch die schönen Fragen aus dem Recht, die etwa so lauten: „Ist der Kaufvertrag nichtig?" Muss noch gesagt werden, dass hier von Ihnen mehr als ein „Ja" oder „Nein" erwartet wird?

Was tun, wenn Ihnen eine Antwort partout nicht einfällt? Es gibt ein ebenso einfaches wie uraltes Rezept: Erst einmal weitermachen! Erledigen Sie erst die Fragen, die Ihnen leicht fallen. Damit haben Sie nicht nur Punkte gesammelt, Sie haben gleichzeitig Erfolgserlebnisse, und die helfen Ihnen dann auch, die schweren Brocken zu bewältigen. Sie wissen ja, wie das ist: Wenn man sich um eine Aufgabe müht und müht, wenn man sich daran festbeißt und das Gehirn zermartert, ist man nachher kaum noch imstande, leichte Aufgaben zu lösen. Ist man aber erst so richtig in Schwung, dann fallen auch die schwierigen Aufgaben ein ganzes Stück leichter! Warum wollen Sie das nicht nutzen?

Und wenn Ihnen dann immer noch nichts einfällt? Dann lassen Sie halt die Frage links liegen. Lieber 5 Punkte bei einer Frage verschenken als 20 bei den anderen Fragen, zu denen Sie vielleicht wegen falscher Zeiteinteilung nicht mehr kommen!

Was tun, wenn Ihnen die Fragestellung nicht klar ist? Der Ausschuss, der die Fragen entwickelt hat, hat sich zwar alle Mühe gegeben – und doch kann es immer wieder einmal vorkommen, dass Missverständnisse entstehen. Da fragen Sie am besten zunächst die Aufsicht. Bekommen Sie dort keine zufriedenstellende Antwort, dann scheuen Sie sich nicht, eine Fragestellung selbst zu interpretieren: Nehmen wir einmal an, es werde in einer Frage aus der Betriebsstatistik nach dem arithmetischen Mittel gefragt. Nichts weiter. Dann werden Sie sinnvollerweise als Antwort schreiben: „Das gewogene arithmetische Mittel wird wie folgt berechnet: . . ." oder: „Das einfache arithmetische Mittel wird wie folgt berechnet: . . ." Übrigens noch ein Hilfeschrei eines geplagten Prüfers: Die Schrift ist ein Verständigungsmittel! Der Prüfer wird sich zwar bemühen,

Ihre Schrift zu lesen. Aber wenn Sie absolut unleserlich ist, kann das als „nicht bestanden" gewertet werden!

Zugelassen als Hilfsmittel sind inzwischen nicht nur ein nicht programmierbarer Taschenrechner, sondern auch die einschlägigen Gesetzestexte. Außerdem gibt die jeweilige IHK in der Prüfung eine Formelsammlung aus. Wenn Ihnen also unter dem Druck der Prüfung nicht einfällt, wie die Eigenkapitalrentabilität oder die Liquidität 2. Grades zu berechnen sind, dürfen Sie dies in der Prüfung nachlesen. Verwenden Sie jedoch diese Hilfsmittel sparsam. Wenn Sie nicht unbedingt Paragrafen nennen müssen, werden Sie oft die Aufgaben aus dem Kopf besser beantworten können!

Ein Tipp: Im weConsult-Verlag sind auch „Gesetzestexte für Fachwirte" erschienen. Der Band enthält – zum Teil in Auszügen – nicht weniger als 47 Gesetze und Verordnungen aus allen für Fachwirte relevanten Bereichen (Stand 2016). Damit haben Sie schon den größten Teil der in Frage kommenden Gesetze abgedeckt. Die Sammlung wird jährlich aktualisiert.

1.5 DIE MÜNDLICHE PRÜFUNG

Die mündliche Prüfung setzt voraus, dass die schriftliche Prüfung bestanden wurde. Sie besteht aus einer Präsentation und einem Fachgespräch. Das Thema der Präsentation kann der Prüfungsteilnehmer selbst formulieren. Er muss es dem Prüfungsausschuss mit einer Kurzbeschreibung am ersten Tag der schriftlichen Prüfung einreichen. Das Thema muss sich auf den Handlungsbereich Führen und Entwickeln von Personal und einen weiteren Handlungsbereich beziehen. Diese Präsentation soll ca. 10 Minuten betragen. Mit ihr sollen Sie nachweisen, dass eine komplexe Problemstellung der betrieblichen Praxis erfasst, dargestellt, beurteilt und gelöst werden kann. In die Note der mündlichen Prüfung geht die Präsentation selbst mit einem Drittel ein. Die restlichen zwei Drittel ergeben sich aus dem Verlauf des Fachgesprächs, das an die Präsentation anknüpft, aber sich dann auch auf andere Handlungsbereiche erstrecken kann. Aus der Erfahrung mündlicher Prüfungen empfehlen wir Ihnen:

Suchen Sie sich einen nicht zu umfangreichen Fall aus Ihrer betrieblichen Praxis. Manche Teilnehmer erzählen nur, wie es im eigenen Unternehmen zugeht. Andere geben ganze Kapitel aus einem Lehrbuch wieder. Beides entspricht nicht dem Wortlaut der Verordnung.

Bereiten Sie sich darauf vor, dass die Prüfer auch Dinge abfragen, die nicht unmittelbar mit Ihrem Fall zu tun haben. Sie sollten sich also noch einmal mit den Schwerpunkten der beiden Handlungsbereiche vertraut machen!

1.6 DAS ERGEBNIS DER GESAMTPRÜFUNG

Die Gesamtprüfung ist dann bestanden, wenn in allen Prüfungsfächern eine mindestens ausreichende Leistung erzielt wurde. Die schriftliche und die mündliche Prüfung werden dabei gesondert bewertet, es gibt also keine Gesamtnote.

Mehr als ein Trostpflaster ist die Regelung, wonach eine Prüfung zweimal wiederholt werden kann. Sie können dann beantragen, dass Ihnen bestimmte Prüfungsleistungen bei der Wiederholungsprüfung anerkannt werden. Haben Sie also die schriftliche Prüfung bestanden und nur in der mündlichen keine ausreichende Note erzielt, müssen die Klausuren nicht noch einmal geschrieben werden.

1.7 UND WAS KOMMT DANACH?

Eine der erfreulichsten Fragen, die am Ende eines solchen Studiengangs auftauchen, ist die nach Möglichkeiten einer darauf aufbauenden Fortbildung! Wir möchten diese Begeisterung keinesfalls mindern. Und doch: Das Wichtigste, was Sie zunächst anstreben sollten, ist die Umsetzung Ihres neu erworbenen Wissens in die Praxis. Der Fachwirt ist keine Durchgangsstation zum Hochschulabschluss. Dass der Abschluss im Qualifikationsrahmen mit Stufe 6 genau so hoch eingeordnet ist wie der Bachelor bedeutet nicht, dass er damit identisch wäre. Er ist ein Abschluss eigener Art. Mit ihm sind Sie in der Lage, die auf Sie in der mittleren Führungsebene zukommenden Probleme zu meistern. Also richten Sie Ihr Augenmerk vor allem darauf, in der Praxis des Alltags zu zeigen, dass Sie mehr gelernt haben als das Gros Ihrer Altersstufe.

Ihre IHK wird Ihnen gern beratend zur Seite stehen. Auch der Weg zum Studium an einer Hochschule ist inzwischen leichter geworden. Prüfen Sie aber in jedem Falle, ob Sie eine zusätzliche Fortbildung noch weiterbringt. Eine Pause ist hier im Allgemeinen angezeigt. Die sollten Sie sich auch gönnen – nach dem Prüfungserfolg, den wir Ihnen von Herzen wünschen!

PS: Dieses Buch soll sich möglichst leicht lesen lassen – bei aller Schwere des Stoffes! Deshalb haben wir bewusst zuweilen die alte Rechtschreibung beibehalten und auch auf geschlechtsspezifische Bezeichnungen verzichtet. Wenn wir also vom „Leser" sprechen, möge sich bitte auch die Leserin angesprochen fühlen und beim „Geschäftsführer" sind wir uns ebenso bewusst, dass dies eine Dame sein kann wie auch beim „Bundeskanzler" (der aber in diesem Buch nicht vorkommt)!

2 | AUFGABEN

Die folgenden Aufgaben sollen und können nicht das systematische Auf- und Nacharbeiten des Stoffs ersetzen. Nehmen Sie also, bevor Sie die Lösungen erarbeiten, Ihre Manuskripte oder Lehrbücher zur Hand. Und erwarten Sie – bitte schön – nicht, dass nun tatsächlich eine Prüfungskommission diese Aufgaben wörtlich übernimmt! Wenn Sie aber nicht nur die Aufgaben und Musterlösungen wörtlich büffeln, sondern sich auch mit dem „Wie" und „Warum" befassen, werden Sie von diesem Buch profitieren können.

Am Anfang steht jeweils eine betriebliche Situationsbeschreibung. Wir präsentieren Ihnen hier gleich zwei davon. Zu jeder Situationsbeschreibung haben wir zu Übungszwecken gleich viermal die beiden Aufgabenstellungen mit Fragen aus allen Handlungsbereichen erarbeitet.

Die Lösungen finden Sie dann in gleicher Reihenfolge im zweiten Teil des Buchs.

2.1 Seniorenzentrum „Arche Noah"

Betriebliche Situationsbeschreibung

Das Seniorenzentrum „Arche Noah" ist ein Pflegeheim im Bundesland NRW, in dem pflegebedürftige Bewohner stationär oder teilstationär (tagsüber oder nachts) gepflegt und versorgt werden. Zusätzlich wird eine zeitlich befristete Kurzzeitpflege angeboten. Die Einrichtung wird von einem Verein unterhalten.

Im Seniorenzentrum leben 90 Bewohnerinnen und Bewohner in sechs modern gestalteten Wohngruppen. Sie sind ausschließlich in Einzelzimmern untergebracht. Die Heimbewohner werden von professionellen Fachkräften umsorgt. Der Anteil von examinierten Pflegekräften beläuft sich auf 60 %. Die Hilfskräfte sind langjährig erfahren und sehr engagiert tätig.

Die Betreuungsangebote beinhalten eine ganzheitliche Pflege und Betreuung, Einzel- und Gruppenangebote, Gespräche, Spaziergänge, Spiele und Gottesdienste.

Das Seniorenzentrum liegt in unmittelbarer Nähe des Akutkrankenhauses „Rheinklinik GmbH", dass mit einem Medizinischen Versorgungszentrum zusammen arbeitet.

Dadurch ist eine schnelle und kompetente Hilfe bei akuten Erkrankungen der Bewohnerinnen und Bewohnern des Seniorenzentrums möglich. Außerdem versorgt das Krankenhaus die Alteneinrichtung mit Essenleistungen.

2 Aufgaben

2.1.1 Aufgabensatz I

2.1.1.1 Aufgabenstellung 1
(Planen, Steuern und Organisieren betrieblicher Prozesse – Gestalten von Schnittstellen und Projekten – Planen und Durchführen von Marketingmaßnahmen)

Aufgabe 1 (6 Punkte)
Wir leben und arbeiten in Deutschland in einem marktorientierten Wirtschaftssystem. Erläutern Sie den Unterschied zwischen den ordnungspolitischen Systemen „Marktwirtschaft" und „Planwirtschaft". (je 3 P)

Aufgabe 2 (8 Punkte)
Die Pflegeversicherung ist eine soziale Grundsicherung in Form von unterstützenden Hilfeleistungen, die den Pflegebedürftigen ermöglichen soll, ein selbstbestimmtes Leben zu führen.

Nennen Sie acht Leistungen der Pflegeversicherung für Versicherte mit erheblich eingeschränkter Alltagskompetenz. (Prüfungsthema 2015)

Aufgabe 3 (8 Punkte)
Das oberste Ziel des Seniorenzentrums „Arche Noah" ist nicht, einen größtmöglichen wirtschaftlichen Gewinn zu erzielen, sondern dem Gemeinwohl zu dienen und sich wohltätigen Zwecken zu widmen.

Auf der Grundlage des § 52 Abs. 2 Abgabenordnung (AO) ist die Einrichtung daher als gemeinnützig anerkannt.

Welche Vor- und Nachteile hat dieser Non-Profit-Status für das Seniorenzentrum?

Nennen Sie je vier. (Prüfungsthema 2014) (je 2 P)

Aufgabe 4 (9 Punkte)
Im § 92c des SGB XI ist geregelt, dass auf Initiative der Bundesländer Pflege- und Krankenkassen Pflegestützpunkte zur wohnortnahen

Beratung, Versorgung und Betreuung ihrer Versicherten einrichten.

Der Begriff „Pflegestützpunkt" als zentrale Pflegeberatungsstelle ist nicht geschützt, dennoch gleichen sich die Aufgabenstellungen aller Pflegestützpunkte.

Welche Aufgaben haben die Pflegestützpunkte? (Prüfungsthema 2015)

Aufgabe 5   **(9 Punkte)**

In der Pflege von kranken und gebrechlichen Menschen ist es in Einzelfällen notwendig, mit Hilfe der Fixierung die Bewegungsfreiheit der Betreuten zu begrenzen.

Die Begrenzung der Bewegungsfreiheit ist nur dann zulässig, wenn eine entsprechende gerichtliche Anordnung vorliegt oder eine Notwehr oder ein Notstand vorliegen.

a) Nennen Sie fünf Fixierungsarten. (5 P)

b) Erläutern Sie die Begriffe Notwehr und Notstand in Zusammenhang mit dem Begriff Fixierung. (je 2 P)

Aufgabe 6   **(10 Punkte)**

Viele Alteneinrichtungen forcieren und organisieren im Sinne einer ganzheitlichen Pflege und Betreuung der Bewohner die interdisziplinäre Zusammenarbeit.

a) Mit welchen Partnern arbeiten die Alteneinrichtungen dabei zusammen? Nennen Sie vier. (4 P)

b) Erläutern Sie in diesem Zusammenhang den Begriff Musikgeragogik. (2 P)

c) Welche Aufgaben würden Sie ehrenamtlich Tätigen übertragen? Nennen Sie vier. (4 P)

Aufgabe 7 (7 Punkte)

Der Trägerverein hat eine Neugestaltung der Außenanlage bewilligt. Diese soll so weit wie möglich in der kalten Jahreszeit durchgeführt werden. Als erstes muss ein ausführlicher Projektauftrag formuliert werden. Nennen Sie sieben Punkte, die in diesem Projektauftrag geregelt werden sollten. (Prüfungsthema 2013)

Aufgabe 8 (9 Punkte)

Sie wollen bei dem „Projekt Außenanlage" vorgenommen, von vornherein Probleme zu vermeiden, die bei derartigen Projekten häufig vorkommen. Insbesondere soll das Projekt rechtzeitig zu Frühlingsbeginn abgeschlossen sein. Prüfen Sie, ob dafür der Einsatz der Netzplantechnik ein geeignetes Hilfsmittel sein könnte.

a) Erläutern Sie den grafischen Aufbau eines Netzplans und die darin enthaltenen Informationen. (5 P)

b) Erklären Sie insbesondere den Begriff des „kritischen Pfades". (4 P)

Aufgabe 9 (14 Punkte)

Das Marketing orientiert sich normalerweise in erster Linie an den jeweiligen Zielgruppen auf den Absatzmärkten. Aber auch andere Adressaten der Marketingmaßnahmen müssen berücksichtigt werden. (Prüfungsthema 2013)

a) Nennen Sie drei dieser weiteren Adressaten im Business Marketing und zu jedem ein Ziel, das von dem Unternehmen gegenüber dieser Gruppe verfolgt wird. (6 P)

b) Nennen Sie vier wichtige Zielgruppen des Marketings im Bereich sozialer Dienstleistungen und erläutern Sie zu jeder deren Bedeutung. (8 P)

Aufgabe 10 **(10 Punkte)**
Ihr Unternehmen hat immer mehr Probleme bei der Besetzung offener Stellen. Um das Problem langfristig anzugehen, werden mehr Ausbildungsplätze bereitgestellt.
Entwickeln Sie die Grundzüge einer Werbekampagne mit dem Ziel, ausreichend Bewerbungen von Schulabgängern mit mittlerer Reife zu erhalten. Nennen Sie dabei auch die Instrumente der Kommunikationspolitik, die hierbei einzusetzen sind.

Aufgabe 11 **(10 Punkte)**
In Ihrer Heimatstadt fand an einem Samstag ein „Aktionstag gegen Übergewicht" statt, der von einer Krankenkasse und einem Fahrradgeschäft gesponsert wurde. (Prüfungsthema 2013, 2014)

a) Nennen Sie drei weitere Tätigkeitsfelder oder Aktionen, bei denen ein Sponsoring möglich erscheint. (3 P)

b) Nennen Sie drei mögliche Vorteile, die sich ein Sponsor von seinem Engagement versprechen könnte. (3 P)

c) Grenzen Sie die Begriffe Sponsoring und Spenden voneinander ab. (4 P)

Lösungen ab S. 89

2 Aufgaben

2.1.1.2 Aufgabenstellung 2
(Steuern von Qualitätsmanagementprozessen – Steuern und Überwachen betriebswirtschaftlicher Prozesse und Ressourcen – Führen und Entwickeln von Personal)

Aufgabe 1 (14 Punkte)

Das Qualitätsmanagement gewinnt unabhängig von gesetzlichen Verpflichtungen auch in Alteneinrichtungen immer mehr an Bedeutung. Auch das Seniorenzentrum will sich auf der Grundlage der ISO 9001 zertifizieren lassen.

a) Was ist in der ISO 9001 geregelt? (2 P)

b) Nennen Sie vier Grundsätze des Qualitätsmanagements in Alteneinrichtungen. (12 P)

Aufgabe 2 (8 Punkte)

Für das nächste Geschäftsjahr soll eine Liste mit Vorschlägen für Veranstaltungen und Beschäftigungsangebote in einem Kreativzirkel erarbeitet werden. Prüfen und entscheiden Sie, ob Sie in diesem Zirkel die Brainstorming-Technik anwenden oder eher die Variante des Brainwriting vorziehen würden.

Aufgabe 3 (8 Punkte)

Für die ins Auge gefasste Zertifizierung nach ISO 9001 muss eine dafür zugelassene unabhängige Organisation gefunden werden. Zur Vorbereitung eines ersten Kontaktgesprächs sendet Ihnen eine in Frage kommende Organisation eine Checkliste zu, auf der unter anderem gefragt wird, ob bereits ein Erst-Parteien-Audit durchgeführt wurde, und ob Vereinbarungen für ein Zweitparteien-Audit vorliegen oder vorgesehen sind.

Erläutern Sie diese beiden Audit-Arten.

Aufgabe 4 (6 Punkte)

Sinn des Qualitätsmanagements ist es nicht nur, das Auftreten von Fehlern zu vermeiden, sondern auch Risiken vorzubeugen und auf das Eintreten von Risiken vorbereitet zu sein. Unterscheiden Sie an konkreten Beispielen aus dem Seniorenzentrum die hierfür erforderlichen Schritte der Risikoidentifikation, der Risiko-Analyse und der Risikobewertung. (Prüfungsthema 2014)

Aufgabe 5 (8 Punkte)

Der Jahresabschluss der Alteneinrichtung Arche Noah" besteht aus Bilanz, Gewinn- und Verlustrechnung (GuV) und verschiedenen Anlagen. Der Jahresabschluss ist innerhalb von 6 Monaten nach Ablauf des Geschäftsjahres aufzustellen.

Eine Besonderheit in der Bilanz stellen die Sonderposten aus Zuweisungen und Zuschüssen der öffentlichen Hand dar.

a) Auf welcher gesetzlichen Grundlage hat der Jahresabschluss in der Alteneinrichtung zu erfolgen? (2 P)
b) Erläutern Sie den Begriff Sonderposten. (4 P)
c) Erläutern Sie die Begriffe „körperliche Inventur" und „Buchinventur". (2 P)

Aufgabe 6 (9 Punkte)

Grundlage der Finanzierung der Alteneinrichtungen ist der Heimvertrag, der zwischen dem Bewohner und dem Betreiber der stationären Alteneinrichtung abgeschlossen wird.

Worüber müssen Sie als Vertreter des Betreibers den künftigen Bewohner vor Vertragsabschluss informieren? (4 P)

Nennen Sie fünf gesetzliche Regelungen, die Sie im Vertrag zu berücksichtigen haben. (5 P)

Aufgabe 7 (8 Punkte)

Pflegestützpunkte werden auf Initiative der einzelnen Bundesländer von den Pflegekassen eingerichtet und sollen hilfesuchenden Pflegebedürftigen und deren Angehörigen Beratung und Unterstützung anbieten. In den Pflegestützpunkten arbeiten Pflegeberater/-innen der Pflegekassen. Sie sind den Hilfesuchenden mit Informationen, Antragsformularen und konkreten Hilfestellungen behilflich. (Prüfungsthema 2015)

   Nennen Sie acht Angebote der Pflegestützpunkte.

Aufgabe 8 (8 Punkte)

Instrumente im modernen Controlling sind die „Balanced Scorecard" und das „Benchmarking". (Prüfungsthema 2013)

   Erläutern Sie diese beiden Controllinginstrumente. (je 4 P)

Aufgabe 9 (9 Punkte)

Arbeitsverhältnisse beginnen zumeist mit einer Probezeit. In dieser Zeit können der Arbeitnehmer die Arbeitsbedingungen und der Arbeitgeber die Leistungsfähigkeit des Arbeitnehmers prüfen, um ggf. das Arbeitsverhältnis kurzfristig zu beenden. (Prüfungsthema 2015)

a) Wie ist die Kündigungsfrist innerhalb der vereinbarten Probezeit gesetzlich geregelt? (3 P)

b) Welche Mitarbeitergespräche sollten während der Probezeit (6 Monate) erfolgen? Nennen Sie drei und jeweils den Zeitpunkt, an dem das Gespräch stattfinden sollte. (6 P)

Aufgabe 10 (8 Punkte)

Mitbestimmung bedeutet die Einflussnahme von Arbeitnehmern auf Entscheidungen in ihrem Betrieb.

a) Welche gesellschaftspolitischen Gründe gibt es in der sozialen

Marktwirtschaft für die Mitbestimmung durch die Arbeitnehmer? Nennen Sie drei. (3 P)

b) Was ist in den Personal- und Mitarbeitervertretungsgesetzen geregelt? (5 P)

Aufgabe 11   **(8 Punkte)**
Sie werden von der Leitung Ihrer Pflegeeinrichtung gebeten, eine Umfrage zur Mitarbeiterzufriedenheit in der Pflege zu starten.

Welche Fragen würden Sie den Mitarbeitern im Pflegedienst stellen? Nennen Sie acht Themen. (Prüfungsthema 2013).

Aufgabe 12   **(8 Punkte)**
In der Senioreneinrichtung „Arche Noah" war im letzten Jahr eine außergewöhnlich hohe Fluktuation von examinierten Pflegekräften zu verzeichnen.

Dadurch beklagen sich immer mehr Bewohner und Angehörige über den steten Wechsel der Pflegekräfte und die Nachfrage nach Pflegeplätzen in der Einrichtung sinkt. (Prüfungsthema 2013, 2016).

a) Beschreiben Sie vier mögliche Ursachen der Fluktuation. (4 P)

b) Ausscheidende Mitarbeiter sollten nach den Kündigungsgründen befragt werden.

Die Ergebnisse dieser Befragungen werden später analysiert.

Erläutern Sie die Begriffe qualitative und quantitative Fluktuationsanalyse. (4 P)

Lösungen ab S. 98

2.1.2 Aufgabensatz II

2.1.2.1 Aufgabenstellung 1
(Planen, Steuern und Organisieren betrieblicher Prozesse – Gestalten von Schnittstellen und Projekten – Planen und Durchführen von Marketingmaßnahmen)

Aufgabe 1   **(6 Punkte)**

Die Soziale Marktwirtschaft ist die in Deutschland praktizierte Wirtschaftsordnung. Dies ist eine Verbindung zwischen freier Marktwirtschaft und den Anforderungen eines Sozialstaats. Die Elemente der Marktwirtschaft, wie Privateigentum, Autonomie und Gewinnorientierung sowie andererseits soziale Ideen sind hier miteinander verknüpft.

a) Welches Ziel hat die Soziale Marktwirtschaft und wie versucht der Staat den sozialen Charakter der Marktwirtschaft zu sichern? (3 P)

b) Nennen Sie drei im Grundgesetz geregelte Rechte zur Sicherung der Sozialen Marktwirtschaft. (3 P)

Aufgabe 2   **(10 Punkte)**

Neben notwendigen staatlichen Regelungen zur sozialen Sicherung gilt es, auch die Selbstverantwortung der Menschen zur Förderung ihrer Gesundheit zu entwickeln. Mit einer wirksamen Prävention können Krankheiten im Alter vermieden, die Lebensqualität erhöht und unnötige finanzielle Belastungen des Gesundheitswesens und damit auch der Volkswirtschaft vermieden werden.

a) Erklären Sie die Begriffe Primär-, Sekundär- und Tertiärprävention. (3 P)

b) Nennen Sie vier Beispiele für gesundheitsbewusstes Verhalten der Menschen. (4 P)

c) Wie können die Betroffenen zu gesundheitlich positivem Verhalten bewegt werden? – Zeigen Sie drei Beispiele auf. (3 P)

Aufgabe 3   **(8 Punkte)**
Zur Absicherung des Risikos einer Pflegebedürftigkeit gibt es in Deutschland die Pflegeversicherung. Wir unterscheiden die gesetzliche und die private Pflegeversicherung sowie die Pflegezusatzversicherung. (Prüfungsthema 2015)

a) Erläutern Sie die gesetzliche Pflegeversicherung. (4 P)

b) Nennen Sie vier Aufgaben der Pflegekassen. (4 P)

Aufgabe 4   (8 Punkte)
Auf der Grundlage des § 87b SGB XI können Pflegeeinrichtungen für die Betreuung von Menschen mit demenzbedingten Störungen, geistigen Behinderungen und psychischen Erkrankungen sogenannte „zusätzliche Betreuungskräfte" einstellen.
Nunmehr werden ab 2015 die Leistungen für Pflegebedürftige und ihre Angehörigen spürbar ausgeweitet und die Zahl der zusätzlichen Betreuungskräfte in stationären Pflegeeinrichtungen erhöht.

a) Welche Aufgaben sollen die zusätzlichen Betreuungskräfte lösen?
Nennen Sie vier Aufgaben. (4 P)

b) Wie werden die Ausgaben für die zusätzlichen Betreuungskräfte finanziert? (4 P)

Aufgabe 5   **(8 Punkte)**
Das „Casemanagement" oder Fallmanagement gewinnt auch in Alteneinrichtungen zunehmend an Bedeutung. Zum einen geht

es um institutionelle Leistungen, wie z. B. die Schaffung zusätzlicher Alteneinrichtungen und Betreuungsplätze oder die Vernetzung von Pflegeleistungen mit Betreuungsleistungen und notwendigen ärztlichen Leistungen und zum anderen um die Entwicklung von individuellen und bedarfsgerechten Falllösungen für die einzelnen Bewohnerinnen und Bewohner der Alteneinrichtungen.

Erläutern Sie vier der fünf Phasen des individuellen Casemanagements für die Bewohnerinnen und Bewohner in der Alteneinrichtung. (Prüfungsthema 2014)

Aufgabe 6 (6 Punkte)
In einer Wohngruppe traten in letzter Zeit vermehrt Probleme mit zwei Bewohnern auf, die unter Aggressionsschüben leiden. Die Fachkräfte tragen der Leitung des Seniorenzentrums dazu vor, dass sie sich in solchen Fällen unzureichend über ihre Möglichkeiten und Pflichten informiert fühlen. Um generell die Möglichkeit zu schaffen, die für die Pflege erforderlichen Informationen im Bedarfsfall abzurufen, soll ein Informationsmanagement eingerichtet werden.

Beschreiben Sie drei Grundanforderungen, die an ein funktionierendes Informationsmanagement gestellt werden müssen.

Aufgabe 7 (8 Punkte)
Um die Installation des geplanten Informationssystems möglichst zügig zu verwirklichen, möchte die Leitung eine Projektgruppe installieren. (Prüfungsthema 2012, 2013, 2014)

a) Welche Anforderungen sollten an die Mitglieder einer Projektgruppe gestellt werden?

Nennen Sie vier. (4 P)

b) Die Mitglieder des Projektteams sollen für die Dauer des Projektes von ihren sonstigen Aufgaben weitgehend freigestellt werden. Nennen Sie je zwei Vor- und Nachteile dieser Projektorganisation. (4 P)

Aufgabe 8 (12 Punkte)

Projekte durchlaufen ganz typische Phasen.

Nennen Sie vier solche typischen Phasen im Ablauf eines Projekts und beschreiben Sie für jede der von Ihnen genannten Phasen zwei charakteristische Aufgaben bzw. Merkmale, die diese Phase kennzeichnen. (Prüfungsthema 2012)

Aufgabe 9 (10 Punkte)

Eine von regionalen Medien organisierte Befragung der Bevölkerung nach den Meinungen über soziale Einrichtungen in der Region hat für die „Arche Noah" eher mittelmäßige Werte ergeben. Im direkten Vergleich mit anderen Einrichtungen liegen Sie bei der Bewertung der Leistungsfähigkeit zwar im vorderen Mittelfeld, bei den Sympathiewerten jedoch im unteren Drittel. Für eine deshalb angesetzte Besprechung zum Thema „Imagepflege" haben Sie den Auftrag, ein Grundlagenpapier zu erarbeiten. Darin sollen in Stichworten folgende Fragen beantwortet werden: (Prüfungsthema 2013, 2014)

a) Was sind die direkten und indirekten Folgen eines negativen Images? Nennen Sie je drei. (6 P)

b) Welche Zielgruppen sind bei einer systematischen Imagepflege zu berücksichtigen und welche konkreten Maßnahmen oder Aktionen ohne großen finanziellen Aufwand sollten mittelfristig ins Auge gefasst werden? (4 P)

Aufgabe 10 (12 Punkte)

„GAP- Analyse" bedeutet, eine Lücke (wörtliche Übersetzung von „gap") zu untersuchen. Diese kann in der Differenz zwischen einem Sollzustand und einem Ist-Zustand oder auch zwischen Erwartung und Wirklichkeit bestehen. Ziel der GAP-Analyse ist es, die Ursachen dieser Lücken zu ermitteln, um diese wiederum zu schließen. (Prüfungsthema 2013)

a) Nennen Sie vier „GAP-Lücken" als mögliche Ursache für mangelnde Qualität einer angebotenen Dienstleistung. (8 P)

b) Treffen Sie vier Maßnahmen zum GAP-Lückenschluss. (4 P)

Aufgabe 11 (12 Punkte)
Nach Ihrem erfolgreichen Abschluss als Fachwirt/in erhalten Sie von Ihrem Arbeitgeber nicht nur eine Gehaltserhöhung, sondern auch die Beförderung zur Assistenz der Geschäftsführung. Hier gehört es zu Ihren Aufgaben, die Geschäftsführung bei der Kontrolle einer korrekten und satzungsgemäßen Verwendung von Spenden zu unterstützen. Prüfen Sie, ob die folgenden Vorgehensweisen bzw. Verwendungsvorschläge für das Unternehmen korrekt sind: (Prüfungsthema 2013)

a) Ein örtlicher Kfz-Händler hat angeboten, die erforderlichen Inspektionen der Fahrzeuge ohne Berechnung von Personalkosten durchzuführen, wenn dafür sein Logo auf einer Seitenwand der Fahrzeuge angebracht wird.

b) Ein privater Spender hat aus persönlichen Gründen eine Spende von 5000 € geleistet für die Anschaffung von Fahrrädern mit Elektromotor. Die Geschäftsführung sieht dafür im Moment jedoch keinen Bedarf und möchte die bestimmungsgemäße Verwendung deshalb um drei Jahre verschieben.

c) Ein Erblasser hat dem Verein seine Sammlung von Goldmünzen vermacht, deren Wert auf ca. 18 000 € geschätzt wird. Die Geschäftsführung möchte die Sammlung versteigern und den Erlös dem Vermögen zuführen.

Lösungen ab S. 105

2.1.2.2 Aufgabenstellung 2
(Steuern von Qualitätsmanagementprozessen – Steuern und Überwachen betriebswirtschaftlicher Prozesse und Ressourcen – Führen und Entwickeln von Personal)

Aufgabe 1   **(9 Punkte)**
Über den Bereich des Umweltmanagements hinaus ist das Verursacherprinzip allgemein bekannt. Weniger bekannt ist jedoch, dass beim Umweltmanagement noch weitere Prinzipien zu beachten sind. Benennen und erläutern Sie diese Prinzipien.

Aufgabe 2   **(8 Punkte)**
Obwohl es dafür keine gesetzliche Verpflichtung gibt, wollen Sie einen Qualitätsbericht für das Seniorenzentrum „Arche Noah" erstellen.
Welche inhaltlichen Schwerpunkte würden Sie in diesem Qualitätsbericht setzen? Nennen Sie acht. (Prüfungsthema 2015)

Aufgabe 3   **(8 Punkte)**
Im Gesundheitswesen kann eine Zertifizierung des Qualitätsmanagements auch durch die KTQ erfolgen.

a) Erläutern Sie die Bedeutung dieser Abkürzung (2 P)
b) Nennen Sie die internen Kategorien, auf die sich die Bewertung nach dem Kati Q-Verfahren erstreckt. (6 P)

Aufgabe 4   **(9 Punkte)**
Die betriebliche Gesundheitsförderung ist eine Strategie, die der Gesundheit der einzelnen Mitarbeiter und damit auch dem Unternehmen dient. (Prüfungsthema 2016)
Ziele sind dabei die Senkung der Kosten wegen krankheitsbedingter Ausfälle, die Steigerung der Attraktivität als Arbeitgeber und die Strategie, gute Mitarbeiter zu halten bzw. zu gewinnen. Ziele der Mit-

arbeiter sind der Erhalt und die Stärkung der eigenen Gesundheit sowie die Prävention und Vermeidung von Gesundheitsrisiken.

Sie erhalten die Aufgabe, ein Konzept zur betrieblichen Gesundheitsförderung auszuarbeiten. Wie würden Sie dabei vorgehen?

Aufgabe 5 (9 Punkte)

Die Bildung von Profit-Centern ist in vielen Wirtschaftsbereichen immer häufiger anzutreffen.

Diese Organisationsform bietet auch in sozialen Einrichtungen durchaus wesentliche Vorteile.

Neben diesen Vorteilen birgt diese Organisationsform aber auch Probleme, die aber zum Teil gelöst werden können. (Prüfungsthema 2015)

a) Nennen Sie drei Vorteile eines Profitcenters. (3 P)

b) Nennen Sie drei Nachteile eines Profitcenters. (3 P)

c) Nennen Sie drei zentrale Leistungsbereiche, deren Kosten auf ein Profitcenter umverteilt werden müssen. (3 P)

Aufgabe 6 (8 Punkte)

Der Heimvertrag ist eine Vereinbarung über die Überlassung von Wohnraum und die Erbringung von Pflege- und Betreuungsleistungen. Ziel der Vereinbarung ist es, die Rechte der pflegebedürftigen Bewohner zu schützen.

Deshalb werden auch die Kündigungsregeln für die Heimverträge verbindlich vorgegeben.

Welche Regeln gelten bei Kündigung durch den Bewohner? (4 P)

Welche Regeln gelten bei Kündigung durch den Betreiber? (4 P)

Aufgabe 7 (7 Punkte)

Träger von Alteneinrichtungen haben Aufzeichnungen zu machen, aus denen der ordnungsgemäße Betrieb der Einrichtung ersichtlich ist.

Was muss aus diesen Unterlagen ersichtlich sein? Nennen Sie sieben Punkte.

Aufgabe 8 (9 Punkte)

Die Höhe der Entgelte für stationäre Pflegeleistungen (Pflegesätze) wird vom Träger der Einrichtung mit den Pflegekassen und dem zuständige Träger der Sozialhilfe vereinbart.

Die vereinbarten Pflegesätze sollen leistungsgerecht sein und gelten für alle Bewohner der Pflegeeinrichtung. Darüber hinaus werden die Kosten für Unterkunft und Verpflegung vereinbart, die der Pflegebedürftige selbst tragen muss. Bei der Festlegung der Heimentgelte sind die Pflegestufen von besonderer Bedeutung. (Prüfungsthema 2014)

a) Erläutern Sie die drei aktuellen Pflegestufen. (3 P)

b) Erläutern Sie die Zusammensetzung des „Heimentgelts". (6 P)

Aufgabe 9 (8 Punkte)

Mit der demografischen Entwicklung gewinnt das Personalmarketing zunehmend an Bedeutung.

In Anbetracht der angespannten Personalsituation in den Alteneinrichtungen plant die Senioreneinrichtung „Arche Noah" deshalb Maßnahmen zur Personalgewinnung. (Prüfungsthema 2014).

a) Nennen Sie vier mögliche Ziele des Personalmarketing der Senioreneinrichtung. (4 P)

b) Nennen Sie vier mögliche Maßnahmen des Personalmarketing der Senioreneinrichtung. (4 P)

Aufgabe 10 (8 Punkte)

In der Pflegeeinrichtung „Arche Noah" sind je 30 Bewohnerinnen in der Pflegestufe 1, 2 und 3.

Die Berechnung des Personalbedarfs soll sich hier an dem in NRW geltenden Stellenschlüssel orientieren:

Pflegestufe 0 = 1:8 (ein Mitarbeiter für 8 Bewohner/-innen),

Pflegestufe 1 = 1:4,

Pflegestufe 2 = 1:2,5 und

Pflegestufe 3 = 1:1,8

Ermitteln Sie den Personalbedarf für die Pflegeeinrichtung „Arche Noah".

Aufgabe 11 (9 Punkte)

Im § 15 des SGB XI sind folgende Orientierungszeiten für die Bemessung des Pflegeaufwandes aufgeführt:

Pflegestufe 1   45 Minuten pro Tag

Pflegestufe 2   120 Minuten pro Tag

Pflegestufe 3   240 Minuten pro Tag

Überprüfen Sie auf dieser Grundlage die Kalkulation des Pflegebedarfs im Haus „Arche Noah" aus Aufgabe 10. Bei der Berechnung ist von einer 40-Stunden-Woche auszugehen.

Aufgabe 12 (8 Punkte)

Wesentliche Voraussetzung für den Erfolg einer Pflegeeinrichtung sind motivierte Mitarbeiter.

a) Erläutern Sie die Begriffe Teamarbeit und Supervision/Coaching. (je 2 P)

b) Nennen Sie vier Voraussetzungen für eine erfolgreiches Supervision bzw. ein erfolgreiches Coaching. (4 P)

Lösungen ab S. 113

2.1.3 Aufgabensatz III

2.1.3.1 Aufgabenstellung 1
(Planen, Steuern und Organisieren betrieblicher Prozesse – Gestalten von Schnittstellen und Projekten – Planen und Durchführen von Marketingmaßnahmen)

Aufgabe 1   **(13 Punkte)**
Eine Mitarbeiterbefragung hat ergeben, dass eine teilweise vorhandene Unzufriedenheit hauptsächlich auf die zeitliche Belastung und das Gefühl unzureichender Information zurückzuführen ist. Es ist deshalb geplant, in einem Workshop mit Mitarbeitern und Führungskräften aller Bereiche durch den Einsatz von Kreativitätstechniken eine Liste möglicher Verbesserungen zu erarbeiten. (Prüfungsthema 2012)

a) Beschreiben Sie drei Aufgaben eines Moderators für eine solche Veranstaltung und vier Fähigkeiten, über die dieser Moderator verfügen sollte. (7 P)

b) Beschreiben Sie die Vorgehensweise bei der Veranstaltung von der Begrüßung bis hin zur Entscheidung über Handlungsalternativen in sechs Schritten. (6 P)

Aufgabe 2   **(10 Punkte)**
Das Controlling – die Planungs-, Koordinations- und Kontrollaufgabe, um die Unternehmensführung mit den notwendigen Informationen zur Steuerung der Betriebsabläufe zu versorgen und die Produkte und Dienstleistungen zu optimieren – gewinnt auch in den Alteneinrichtungen zunehmend an Bedeutung. (Prüfungsthema 2013)

a) Erläutern Sie die Begriffe zentrales und dezentrales Controlling. (4 P)

b) Nennen Sie je drei Controllingfunktionen und Controllinginstrumente. (10 P)

Aufgabe 3 (6 Punkte)

Alteneinrichtungen dienen der Unterbringung, Pflege und Betreuung alter Menschen. Wir unterscheiden Altenwohnheime, Altenheime und Altenpflegeheime.

Erklären Sie diese drei Formen der stationären Altenhilfe.

Aufgabe 4 (6 Punkte)

Im Familienrecht sind die Begriffe Vormundschaft und Pflegschaft/Beistandschaft von besonderer Bedeutung.

Erläutern Sie diese beiden Begriffe. (je 3 P)

Aufgabe 5 (6 Punkte)

Behandlungspfade im pflegerischen Bereich wurden zunächst für stationäre Krankeneinrichtungen entwickelt. In den letzten Jahren erarbeiten aber auch zunehmend Alteneinrichtungen Behandlungspfade für eine möglichst optimale Altenpflege.

Auch im Seniorenzentrum „Arche Noah" werden Behandlungspfade praktiziert.

Definieren Sie die sechs Ziele von Behandlungspfaden in der Altenpflege.

Aufgabe 6 (6 Punkte)

Die Alteneinrichtung „Arche Noah" bemüht sich derzeit um eine intensivere Zusammenarbeit mit den Hausärzten und der Hausapotheke. Dazu wurde eine gemeinsame Gesprächsrunde organisiert, welche alle zwei Monate stattfindet.

Welches generelle Ziel kann diese Gesprächsrunde haben und welche Ergebnisse können angestrebt werden, um dieses Ziel zu erreichen?

Aufgabe 7 (9 Punkte)

a) Erläutern Sie am Beispiel der Gesprächsrunde in Aufgabe 6 die Begriffe

- Formalziel
- Sachziel
- Sozialziel (3 P)

b) Eine andere Sichtweise unterscheidet bei Zielen drei verschiedene Aspekte, die auch als „Zieldreieck" bezeichnet werden; welche Arten von Zielen sind damit gemeint und in welchem Verhältnis stehen sie zueinander? (6 P)

Aufgabe 8 (10 Punkte)

In der Alteneinrichtung „Arche Noah" werden immer häufiger Projektgruppen gebildet, um Problem- und Aufgabenstellungen zu lösen. Um deren Arbeit besser unterstützen und steuern zu können, soll eine Stabsstelle „Controlling" bei der Geschäftsführung geschaffen werden.

Nennen und beschreiben Sie die Phasen des Regelkreises, die ein Projektcontrolling durchläuft.

Aufgabe 9 (12 Punkte)

a) Erläutern Sie an einem selbst gewählten Beispiel aus dem Bereich des sozialen Marketings den Zusammenhang zwischen einem langfristigen Unternehmensziel und der darauf ausgerichteten Strategie. (4 P)

b) Stellen Sie die Phasen des Prozesses der Marketingplanung beginnend mit der Zieldefinition in einem Flussdiagramm dar und erläutern Sie für jeden Schritt die erforderlichen Aktivitäten. (8 P)

Aufgabe 10 (11 Punkte)

Für die Markterschließung und Marktsicherung werden als Basis-Strategien Kostenführerschaft wie auch Leistungsführerschaft genannt.

a) Beschreiben Sie für beide Strategien das damit verfolgte Hauptziel und je einen für die Zielerreichung entscheidenden Aufgabenbereich. (6 P)

b) Bei einer Strategie der Leistungsführerschaft kommt der Kundennähe erhöhte Bedeutung zu. Beschreiben Sie am Beispiel einer Reha-Einrichtung fünf Maßnahmen, die hierfür geeignet sind. (5 P)

Aufgabe 11 (11 Punkte)

Voraussetzung für eine wirksame Öffentlichkeitsarbeit der „Arche Noah" ist ein klar definiertes und einheitliches Auftreten nach außen. (Prüfungsthema 2015)

a) Erläutern Sie in diesem Zusammenhang die Begriffe der „Corporate Identity" und des „Corporate Design". (4 P)

b) Nennen Sie zwei weitere Bereiche, die zur Corporate Identity gehören und geben Sie zu beiden je ein Beispiel für die „Arche Noah" an. (4 P)

c) Welche Merkmale charakterisieren die Alteneinrichtung „Arche Noah" als gemeinwohlorientiertes Unternehmen? Nennen Sie drei. (3 P)

Lösungen ab S. 121

2.1.3.2 Aufgabenstellung 2
(Steuern von Qualitätsmanagementprozessen – Steuern und Überwachen betriebswirtschaftlicher Prozesse und Ressourcen – Führen und Entwickeln von Personal)

Aufgabe 1   **(13 Punkte)**

Das Beschwerdemanagement umfasst die Gesamtheit aller Maßnahmen zur systematischen Erfassung und Bearbeitung aller Beschwerden an das Unternehmen. Dabei wird zwischen direkten und indirekten Beschwerdemanagementprozessen unterschieden. (Prüfungsthema 2015)

a) Erläutern Sie das Ziel des Beschwerdemanagements. (5 P)
b) Welche Aufgaben sind im Rahmen des direkten und welche im Rahmen des indirekten Beschwerdemanagementprozesses zu lösen? (je 4 P)

Aufgabe 2   **(8 Punkte)**

Um das erreichte Niveau in der Betreuung der Bewohner des Seniorenzentrums zu sichern und die Zufriedenheit der Mitarbeiter zu erhöhen, erstellt die Personalabteilung einen Maßnahmenplan zur weiteren Förderung der Motivation.

Nennen Sie vier mögliche motivationsfördernde Maßnahmen.

Aufgabe 3   **(5 Punkte)**

Die Geschäftsführung des Seniorenzentrums plant die Durchführung eines Audits in Vorbereitung einer Zertifizierung nach ISO 9001.

Führen Sie aus, welche Aufgaben das Management selbst in diesem Zusammenhang zunächst zu erfüllen hat. (Prüfungsthema 2013)

Aufgabe 4   **(8 Punkte)**
Der Vorstand des Trägervereins will sich für ein Wochenende zu
einem Workshop zurückziehen, bei dem über langfristige Prognosen
für die Rahmenbedingungen des Seniorenzentrums und daraus
abzuleitenden langfristige Planungen beraten werden soll.
   Machen Sie sich Gedanken darüber, welche Prognosetechnik für
diese Aufgabe geeignet ist und beschreiben Sie ihre Anwendung.

Aufgabe 5   **(7 Punkte)**
Das Seniorenzentrum „Arche Noah" hatte im abgelaufenen Jahr
Aufwendungen von 2 500 000 €.
   In diesem Zeitraum wurden 31 000 Berechnungstage (BT) abge-
rechnet, wobei 15 000 BT auf die Pflegestufe 1, 10 000 BT auf die
Pflegestufe 2 und 6000 BT auf die Pflegestufe 3 entfallen.
   Die Tagesentgelte beliefen sich dabei auf: 60 €/pro Tag (Pflegestu-
fe 1), 90 €/pro Tag (Pflegestufe 2) und 120 €/pro Tag (Pflegestufe 3).
   Ermitteln Sie das Betriebsergebnis (Gewinn/Verlust) der Einrich-
tung.

Aufgabe 6   **(8 Punkte)**
Die Einnahmen aus der Unterbringung in Altenpflegeheimen sol-
len kostendeckend sein und werden auf der Grundlage folgender
Kostengruppierungen berechnet:
• Pflege-, Investitions- und Wahlleistungskosten (Zusatzkosten) so-
  wie
• Kosten für Unterkunft und Verpflegung.
Erklären Sie die Begriffe Pflegekosten, Investitionskosten, Wahl-
leistungskosten sowie Kosten für Unterkunft und Verpflegung. (je
2 P)

Aufgabe 7   **(8 Punkte)**
Die häufigste Form der Betreuung alter pflegebedürftiger Menschen
ist die Pflege durch Familienmitglieder. In Anerkennung dieser priva-

ten Hilfe stellen die Pflegekassen den Betreuten je nach Pflegestufe Geld- und Sachleistungen zur Verfügung.

a) Nennen Sie die drei Geld- und Sachleistungen bei Betreuung durch die Familie. (6 P)

b) Nennen Sie zwei Formen nicht materieller Unterstützung der pflegenden Familienmitglieder durch ambulante Pflegedienste. (2 P)

Aufgabe 8   **(8 Punkte)**

Staatliche und freigemeinnützige Pflegeeinrichtungen können bei Kauf oder Neubau der Einrichtung zinslose Darlehen und staatliche Zuschüsse (Fördermittel) in Anspruch nehmen. Alle anderen Investitionen der Einrichtungen sind in der Regel aus Eigenmitteln oder aus Spenden zu finanzieren. Die Aufwendungen für aus Eigenmitteln finanzierte Investitionen werden über den Zuschlag für Investitionskosten im Tagessatz refinanziert.

a) Sie beauftragen einen Mitarbeiter einen langfristigen Investitionsplan zu erarbeiten. Erklären Sie die Notwendigkeit der Maßnahme. (4 P)

b) Welche Grundsätze sind bei Durchführung einer Investition zu beachten? Nennen Sie vier. (4 P)

Aufgabe 9   **(9 Punkte)**

In vielen Alteneinrichtungen gibt es inzwischen die Funktion des Controllers.

Ordnen Sie jedem der Tätigkeitsbereiche des Controllers (Planung, Analyse, Berichtswesen) drei konkrete Arbeitsaufgaben zu.

Aufgabe 10 (10 Punkte)

Die steigenden Anforderungen machen es notwendig, die Kompetenzen der in der Pflege tätigen Mitarbeiter zu stärken, damit diese sachkundig und motiviert ihre Aufgaben erfüllen.

a) Nennen Sie drei fachliche und soziale Fähigkeiten, die entwickelt werden sollen. (je 3 P)

b) Nennen Sie vier Maßnahmen, mit denen Sie versuchen, die Entwicklung der Pflegekräfte zu gestalten. (4 P)

Aufgabe 11 (8 Punkte)

Die Pflegedienstleitung des Hauses „Arche Noah" legt großen Wert auf die Fort- und Weiterbildung der in der Pflege tätigen Mitarbeiter.

Erläutern Sie die Begriffe Fort- und Weiterbildung. (je 4 P) (Prüfungsthema 2015, 2016).

Aufgabe 12 (8 Punkte)

Zwischen der Stationsleitung und den Mitarbeitern der Station gibt es seit einiger Zeit immer wieder Missverständnisse und Verstimmungen.

Wie würden Sie als Pflegedirektion versuchen, diesen Konflikt zu lösen? Verwenden Sie dabei das Analyseschema nach Matzat.

Lösungen ab S. 130

2.1.4 Aufgabensatz IV

2.1.4.1 Aufgabenstellung 1
(Planen, Steuern und Organisieren betrieblicher Prozesse – Gestalten von Schnittstellen und Projekten – Planen und Durchführen von Marketingmaßnahmen)

Aufgabe 1   **(5 Punkte)**

Die soziale Sicherheit der Menschen in Deutschland ist als wichtiger Faktor für den sozialen Frieden verfassungsrechtlich geschützt und somit eine wichtige Grundlage für den Erfolg der sozialen Marktwirtschaft.

Zum Ausgleich sozialer Risiken, wie z. B. durch Krankheit, Unfall, Arbeitslosigkeit, wurden deshalb vom Gesetzgeber verschiedene Bereiche der sozialen Sicherung gestaltet. (Prüfungsthema 2014)

a) Welche Bereiche der sozialen Sicherung kennen Sie? Nennen Sie drei. (3 P)

b) Erklären Sie die Begriffe Sozialbudget und Sozialleistungsquote. (2 P)

Aufgabe 2   **(8 Punkte)**

Der Staat hat lt. Grundgesetz die Verpflichtung allen Menschen in Deutschland ein Leben zu gewährleisten, das einem menschenwürdigen Dasein entspricht. (Prüfungsthema 2014, 2016)

a) Erläutern Sie Aufgaben und Finanzierung des Arbeitslosengeldes II und der Sozialhilfe. (4 P)

b) Was verstehen Sie unter dem Begriff „ Regelbedarf" beim ALG II? (2 P)

c) Erläutern Sie den Begriff Sozialgeld. (2 P)

Aufgabe 3 (9 Punkte)

Change Management (Veränderungsmanagement) beinhaltet alle Aufgaben und Umsetzungen, die zu umfassenden Veränderungen im Unternehmen, insbesondere in der Organisations- und Personalentwicklung, notwendig sind. Das Veränderungsmanagement ist ein kontinuierlicher, permanenter Prozess, da sich die Unternehmen ständig neuen Marktanforderungen stellen müssen. (Prüfungsthema 2012)

a) Worin besteht das Ziel des Chance Managements? (3 P)

b) Nennen Sie die Phasen des Veränderungsprozesses (entweder nach John P. Kotter oder nach Kurt Lewin). (6 P)

Aufgabe 4 (12 Punkte)

Große Unternehmen mit mehreren Geschäftsbereichen (wie z. B. ein Krankenhaus mit medizinischem Versorgungszentrum und Pflegeeinrichtung) gliedern Ihre Bereiche mit Hilfe der Spartenorganisation oder der Matrixorganisation.

Bei der Spartenorganisation werden die Organisationseinheiten des Unternehmens nur nach Geschäftsbereichen (Sparten) gegliedert. Man spricht hierbei auch von einer Einlinienorganisation.

Bei der Matrixorganisation handelt es sich um eine Mehrlinienorganisation, da die Hierarchieebenen nach Geschäftsbereichen und nach Funktionen (wie z. B. Allgemeine Verwaltung, Personal, Qualitätsmanagement) gegliedert sind. (Prüfungsthema 2015)

Nennen Sie je drei Vor- und Nachteile der beiden Organisationsformen.

Aufgabe 5 (6 Punkte)

Die Dokumentation der Pflegeplanung und -durchführung in der stationären Altenpflege ist sehr aufwendig. Sie ist aber wichtig, um die Qualität der Pflege und damit die Sicherheit der Heimbewohner zu gewährleisten sowie beteiligte Personen, wie z. B. Ärzte und Angehörige, ausreichend zu informieren.

Nennen Sie sechs Bestandteile der Pflegedokumentation in der Altenpflege.

Aufgabe 6 (10 Punkte)

Im internen Informationssystem des Seniorenzentrums für die Mitarbeiter findet sich eine neue interne Stellenausschreibung für einen Assistenten der Zentrumsleitung mit besonderer Betonung der Aufgabe des „Schnittstellenmanagements". (Prüfungsthema 2013, 2015)

a) Listen Sie auf, welche „Schnittstellen" beim Seniorenzentrum intern und extern bestehen. (6 P)

b) Erläutern Sie die Aufgaben, die dabei einem „Schnittstellenmanager" zukommen. (4 P)

Aufgabe 7 (8 Punkte)

Sie sollen mit drei weiteren Kollegen das bisherige Angebot an Spielen und Veranstaltungen erfassen, systematisieren und nach neuesten gerontologischen Erkenntnissen überarbeiten. Zwar freuen Sie sich auf die Zusammenarbeit, aber es ist Ihnen auch bewusst, dass in einem solchen Team gruppendynamische Prozesse stattfinden werden.

Nennen und beschreiben Sie die vier typischen Phasen der Gruppenentwicklung.

Aufgabe 8 (8 Punkte)

Nach dem Abschluss des Projekts sollen Sie noch einen ausführlichen Abschlussbericht erstellen.

a) Ein junger Kollege behauptet, das sei deshalb Unsinn, weil ein Projekt doch als einmalig definiert, deshalb ein Abschlussbericht völlig uninteressant sei. Erklären Sie ihm den Sinn eines Abschlussberichts. (4 P)

b) Beschreiben Sie vier Punkte, die in einem Abschlussbericht berücksichtigt werden sollten. (4 P)

Aufgabe 9   **(9 Punkte)**

Im Marketing werden grundsätzlich vier Felder (Instrumente) unterschieden: Produkt-, Preis-, Distributions- und Kommunikationspolitik; in Anlehnung an die englischen Bezeichnungen werden sie auch als die 4 P (product, price, place, promotion) bezeichnet.

Beim Dienstleistungsmarketing kommen drei weitere „P's" hinzu. Nennen Sie diese drei Bereiche und begründen Sie deren besondere Bedeutung im Dienstleistungsmarketing.

Aufgabe 10   **(13 Punkte)**

Für die Erarbeitung eines Strategiepapiers soll zunächst eine sorgsame Analyse der Marktsituation vorgenommen werden. Dazu sollten die „Five Forces" nach Porter sowie die SWOT-Analyse genutzt werden. (Prüfungsthema 2012)

a) Nennen Sie die fünf Komponenten der Branchenstruktur nach Porter. (5 P)

b) Erläutern Sie den Inhalt der SWOT-Analyse. (4 P)

c) Worin besteht die Zielsetzung der SWOT-Analyse? (4 P)

Aufgabe 11   **(12 Punkte)**

Für ein neues Angebot im sog. „Wellness"-Bereich sollen gezielt Frauen in der Altersgruppe zwischen 60 und 65 Jahren angesprochen werden, die entweder noch berufstätig oder gerade erst in Rente gegangen sind. (Prüfungsthema 2015)

a) Erläutern Sie an diesem Beispiel den Unterschied und Zusammenhang von Werbebotschaft, Werbemittel und Werbeträger. (6 P)

b) Ein wirksames Werbemittel für das neue Angebot der Einrichtung sind Presseberichte.

   An welchen allgemeinen Kriterien sollte sich ein Pressebericht orientieren? (6 P)

Lösungen ab S. 138

2.1.4.2 Aufgabenstellung 2

(Steuern von Qualitätsmanagementprozessen – Steuern und Überwachen betriebswirtschaftlicher Prozesse und Ressourcen – Führen und Entwickeln von Personal)

Aufgabe 1 (10 Punkte)

Das europäische Eco-Management and Audit Scheme (EMAS) wurde in Deutschland durch das Umweltauditgesetz umgesetzt. Auf dieser Grundlage will das Seniorenzentrum eine Umwelterklärung erarbeiten.

Erstellen Sie den Entwurf dieser Erklärung. (Prüfungsthema 2013)

Aufgabe 2 (10 Punkte)

Ihnen fällt auf, dass nach unerwarteten Problemen und Fehlern immer wieder viel Zeit dafür vergeudet wird, wild zu spekulieren, „wie das passieren konnte". Sie möchten deshalb für die Zukunft eine systematische Problemanalyse installieren. (Prüfungsthema 2012)

a) Beschreiben Sie 5 Schritte in logischer Reihenfolge für das Vorgehen bei einer Problemanalyse. (5 P)

b) Erläutern Sie das sog „Fischgrät"-Modell der Ursachenermittlung nach Ishikawa. (5 P)

Aufgabe 3 (8 Punkte)

Das Seniorenzentrum möchte durch einen gezielten Vergleich mit einem konkurrierenden Seniorenzentrum ein wettbewerbs-orientiertes Benchmarking durchführen.

a) Was bedeutet der Begriff „Benchmarking"? (4 P)

b) Welche Vorteile ergeben sich aus dem Benchmarking? Nennen Sie vier. (4 P)

Aufgabe 4 **(6 Punkte)**
Beim Studium Ihres Planers für den nächsten Tag stellen Sie fest, dass neben drei verschiedenen Besprechungen von jeweils vermutlich ca. 1 Stunde Dauer noch 27 völlig verschiedene Einzel-Punkte auf Ihrer to-do-list stehen.
   Nennen Sie zwei mögliche Methoden, diese Liste auf ein Maß zu reduzieren, das Sie auch schaffen können. Erläutern Sie eine davon.

Aufgabe 5 **(8 Punkte)**
Für die bevorstehende Verhandlung mit den Pflegekassen stellt die Senioreneinrichtung „Arche Noah" folgende Informationen und Kalkulationswerte zusammen: (Prüfungsthema 2013, 2014)

1. Die Einrichtung hat die 90 Betten durchschnittlich mit 95 % belegt.

2. Die Belegungstage verteilen sich auf die Pflegestufen wie folgt:

   • 50 % (Pflegestufe 1)
   • 30 % (Pflegestufe 2)
   • 20 % (Pflegestufe 3)

3. Die Gesamtkosten belaufen sich auf 2 500 000 €.

4. Die pflegesatzfähigen Kosten werden mit folgenden Äquivalenzziffern ermittelt:

   • 1,0 (Pflegestufe 1)
   • 1,5 (Pflegestufe 2)
   • 2,0 (Pflegestufe 3)

   a) Ermitteln Sie die Ist-Belegungstage (Basis 365 Tage). (1 P)
   b) Teilen Sie die Belegungstage nach Pflegestufen auf. (1 P)
   c) Rechnen Sie die Belegungstage auf der Grundlage der Äquivalenzziffern in „Recheneinheiten" um. (1 P)

d) Ermitteln Sie die pflegesatzfähigen Kosten nach Pflegestufen. (2 P)

e) Ermitteln Sie die Tagespflegesätze nach Pflegestufen. (3 P)

Aufgabe 6   (8 Punkte)
Die Kosten für Unterkunft, Verpflegung, Investitionen und Wahlleistungen in Altenpflegeeinrichtungen sind von den Bewohnern selbst zu tragen. Dagegen werden die Pflegekosten unter bestimmten Voraussetzungen zum Teil durch die Pflegekassen und/oder die Sozialhilfe finanziert.

a) Begründen Sie, warum diese Regelung getroffen wurde. (4 P)

b) Unter welchen Voraussetzungen unterstützt die Sozialhilfe die Heimbewohner? (4 P)

Aufgabe 7   (8 Punkte)
In der Pflegebuchführungsverordnung (PBV) sind die wesentlichen Kriterien für die Kosten- und Leistungsrechnung in Pflegeeinrichtungen festgelegt.

a) Nennen Sie drei der fünf im § 7 der PBV formulierten Mindestanforderungen. (3 P)

b) Nennen Sie fünf wesentliche Kostenartengruppen der Senioreneinrichtung. (5 P)

Aufgabe 8   (8 Punkte)
Der Pflegesatz der Alteneinrichtung ist nach einheitlichen Grundsätzen zu bemessen, soll leistungsgerecht sein und der Einrichtung ermöglichen, ihren Versorgungsauftrag zu erfüllen. Der Pflegesatz gliedert sich in drei Positionen: Den Pflegeaufwand, Unterkunft und Verpflegung und Investitionsaufwand.

Was haben die Pflegeeinrichtungen bei der Kalkulation der Investitionskosten zu beachten?

Aufgabe 9   **(8 Punkte)**

Der Finanzplan ist eine Gegenüberstellung der geplanten Einnahmen und Ausgaben in einem bestimmten Zeitabschnitt (Jahresplan) mit dem Ziel, die Existenz und Zahlungsfähigkeit des Unternehmens zu sichern.

Der Finanzplan der „Arche Noah" für das laufende Jahr weist ein ausgeglichenes Ergebnis aus, d. h., die Summe der geplanten Einnahmen und Ausgaben ist in etwa gleich.

Ein ausgeglichenes Ergebnis ist auch künftig das Ziel der gemeinnützigen Einrichtung „Arche Noah". Wo liegen – aus Ihrer Sicht – mögliche Probleme, dieses Ziel zu erreichen?

Aufgabe 10   **(10 Punkte)**

In dem Altenpflegeheim ist die Position einer Stationsleitung neu zu besetzen. Sie haben die Stelle in der örtlichen Presse und durch interne Bekanntmachung ausgeschrieben.

a) Nach welchen Kriterien prüfen Sie die eingehenden Bewerbungen? Nennen Sie drei. (3 P)

b) Wie gestalten Sie die persönlichen Vorstellungsgespräche? Nennen Sie drei Aufgaben. (3 P)

c) Beschreiben Sie den Inhalt und die Aufgaben des Stellenplans. (4 P)

Aufgabe 11   **(8 Punkte)**

In einigen Pflegeeinrichtungen wird die Bewerberauswahl mit Hilfe eines Assessment-Centers und von Einzelinterviews durchgeführt. (Prüfungsthema 2014)

Erläutern Sie beide Auswahlverfahren. (je 4 P)

Aufgabe 12 (8 Punkte)

Sie werden gebeten, ein qualifiziertes Arbeitszeugnis für einen Mitarbeiter zu erstellen. (Prüfungsthema 2014)

a) Nennen Sie vier Bestandteile, die ein qualifiziertes Arbeitszeugnisses enthalten muss. (4 P)

b) Welche Aussagen dürfen in einem Arbeitszeugnis nicht enthalten sein? Nennen Sie vier. (4 P)

Lösungen ab S. 146

2.2 RHEINKLINIK GMBH

Betriebliche Situationsbeschreibung

Die „Rheinklinik GmbH" verfügt als freigemeinnütziges Akutkrankenhaus über 300 Planbetten in den Abteilungen Chirurgie, Gynäkologie/Geburtshilfe, Innere Medizin, Kinder-/Jugendmedizin und Urologie.

Das Krankenhaus ist ein hochmodernes Dienstleistungsunternehmen, das einen wichtigen Beitrag zur lokalen stationären Patientenversorgung leistet.

Gesellschafter ist der Besitzer des Gebäudes, in dem das Krankenhaus praktiziert. Die Geschäftsführung nimmt eine Diplom-Volkswirtin wahr, die dabei von einem Prokuristen unterstützt wird.

Neun Persönlichkeiten des öffentlichen Lebens gehören dem Aufsichtsrat an.

In dem Krankenhaus werden jährlich über 15 000 Patienten stationär behandelt. Das mit den Krankenkassen vereinbarte Budget beläuft sich auf 40 Mio. €.

Im Interesse einer besseren Verzahnung mit ambulanten Leistungen arbeitet die Klinik eng mit einem Medizinischen Versorgungszentrum (MVZ) zusammen, das sich in unmittelbarer Nähe des Krankenhauses befindet.

In den MVZ arbeiten Fachärzte verschiedener Fachrichtungen, die auf Grund von vertragsärztlichen Ermächtigungen und Zulassungen berechtigt sind, auch gesetzlich versicherte Patienten ambulant zu behandeln.

Das MVZ wird in der Trägerschaft einer GmbH geführt.

2.2.1 Aufgabensatz I

2.2.1.1 Aufgabenstellung 1
(Planen, Steuern und Organisieren betrieblicher Prozesse – Gestalten von Schnittstellen und Projekten – Planen und Durchführen von Marketingmaßnahmen)

Aufgabe 1   **(9 Punkte)**

Krankenhäuser sind Einrichtungen, in denen Erkrankungen in der Regel stationär behandelt werden. Dennoch mehren sich auch in der Rheinklinik GmbH die ambulanten Leistungen.

Welche „ambulanten" (ohne Unterkunft und Verpflegung) Leistungen können im Krankenhaus erbracht werden?

Nennen Sie mindestens drei, erläutern Sie diese und geben Sie jeweils die gesetzliche Grundlage dafür an. (Prüfungsthema 2014)

Aufgabe 2   **(10 Punkte)**

Seit 2012 können in Krankenhäusern auch Pflegeleistungen „kodiert" werden. Erstmals kann damit die Pflege direkten Einfluss auf die Vergütung der Krankenhausleistungen nehmen. (Prüfungsthema 2016)

Erläutern Sie die Begriffe Pflegekomplexmaßnahmenscore sowie Operationen- und Prozedurenschlüssel. (je 5 P)

Aufgabe 3   **(6 Punkte)**

Die stationären Leistungen im Gesundheitswesen werden durch Krankenhäuser, die ambulanten Leistungen im Wesentlichen durch niedergelassene Ärzte und die rehabilitativen Leistungen durch Reha-Einrichtungen erbracht.

Welche drei Gruppen von Trägern der Krankenhäuser unterscheidet man? Nennen Sie deren jeweiligen Auftrag.

Aufgabe 4 (8 Punkte)

Träger von Einrichtungen im Gesundheitswesen bevorzugen für ihre Krankenhäuser – wie im Beispiel der „Rheinklinik" – immer häufiger die Rechtsform der Gesellschaft mit beschränkter Haftung (GmbH), um die Häuser wirtschaftlich zu führen. (Prüfungsthema 2013, 2014) Gesellschafter der GmbH sind die Eigentümer. Diese vereinbaren einen Gesellschaftsvertrag.

Die zivilrechtliche Haftung eines Krankenhauses umfasst im Schadensfall den Ersatz materieller Schäden (wie Verdienstausfall und weitere Behandlungskosten) und immaterieller Schäden (wie Schmerzensgeld). Dabei wird zwischen vertraglicher Haftung und deliktischer Haftung unterschieden. (Prüfungsthema 2013, 2014, 2015)

a) Erläutern Sie vier Regelungen, die von den Gesellschaftern im Gesellschaftsvertrag einer GmbH zu treffen sind. Erläutern Sie die Haftung der GmbH und der Gesellschafter. (6 P)

b) Erklären Sie die Begriffe vertragliche und deliktische Haftung. (2 P)

Aufgabe 5 (7 Punkte)

Um eine bedarfsgerechte Versorgung der Bevölkerung zu sichern, haben alle Bundesländer sogenannte Krankenhauspläne erstellt. Die Standorte der Krankenhäuser in den Krankenhausplänen richten sich vorrangig nach den Bedürfnissen der Bevölkerung. Die in diesen Krankenhausplänen aufgeführten Krankenhäuser haben Anspruch auf Förderung der Investitionen nach dem Krankenhausfinanzierungsgesetzen des Bundes und der Länder. (Prüfungsthema 2014)

a) Erläutern Sie die Krankenhausplanungen der Bundesländer. (4 P)

b) Welches Ziel verfolgt die Unterteilung der Krankenhäuser nach Versorgungsstufen? (3 P)

Aufgabe 6   **(9 Punkte)**

Wir leben heute auch im Gesundheitswesen in einer arbeitsteiligen Welt. Nur durch eine effektive und vertrauensvolle Zusammenarbeit spezialisierter Einrichtungen und Fachkräfte ist es möglich, die Qualität der Patientenversorgung zu optimieren und die Entwicklung der Kosten hierfür zu begrenzen.

Um diesen Prozess zu unterstützen, hat der Gesetzgeber im Jahre 2004 im SGB V, § 140, Regelungen zur integrierten Versorgung erlassen. (Prüfungsthema 2012)

a) Erläutern Sie den Begriff „Integrierte Versorgung". (3 P)

b) Erklären Sie die Begriffe indikationsspezifische Verträge und populationsgestützte Verträge der integrierten Versorgung. (6 P)

Aufgabe 7   **(8 Punkte)**

Für die erfolgreiche Zusammenarbeit in Projektgruppen ist eine sachliche Kommunikation Voraussetzung. Häufig müssen jedoch zuerst Kommunikationsstörungen überwunden werden. (Prüfungsthema 2015)

a) Erläutern Sie zwei mögliche Ursachen für solche Kommunikationsstörungen. (4 P)

b) Nennen Sie vier Faktoren, von denen der Zusammenhalt in einer Projektgruppe (die „Kohäsion") abhängig ist. (4 P)

Aufgabe 8   **(9 Punkte)**

Die Geschäftsführung der Rheinklinik GmbH beauftragt Sie, einige Fakten zur Planung eines Patientenhotels zusammenzustellen. (Prüfungsthema 2016)

Erläutern Sie das Modell eines Patientenhotels anhand von drei Merkmalen.

Aufgabe 9   **(10 Punkte)**
Von den vier Marketinginstrumenten wird oft das Instrument der Preispolitik als das gefährlichste bezeichnet.

a) Erläutern Sie die Gründe für diese Einschätzung. (2 P)

b) Im Gesundheitswesen sind in vielen Bereichen, z. B. in Kliniken die Preise durch Pauschalen, feste Sätze etc. festgelegt. Beschreiben Sie zwei Bereiche, in denen eigene Gestaltungsmöglichkeiten in der Preispolitik bestehen. (4 P)

c) Entscheiden und begründen Sie für beide von Ihnen genannte Bereiche, für welche grundsätzliche Preisstrategie Sie sich entscheiden würden. (4 P)

Aufgabe 10   **(12 Punkte)**
Für die Marktsicherung ist die Kundenzufriedenheit von ausschlaggebender Bedeutung.

a) Definieren Sie allgemein den Begriff der Marktsicherung. (3 P)

b) Nennen und erläutern Sie drei Anforderungen, die an das Personal in Krankenhäusern im Patientenkontakt zur Sicherung der Kundenzufriedenheit zu stellen sind (6 P)

c) Geben Sie drei Begründungen für die These, dass Beschwerden von Kunden willkommen sind und eine großartige Chance darstellen. (3 P)

Aufgabe 11   **(12 Punkte)**
Public Relations (PR) ist die Öffentlichkeitsarbeit von Unternehmen. Wesentlicher Inhalt der PR-Arbeit ist die Gestaltung und Entwicklung der Beziehungen zwischen Unternehmen und Öffentlichkeit sowie

die Vermittlung von Visionen und Leitbild des Unternehmens. (Prüfungsthema 2012, 2014)

a) Beschreiben Sie die Ziele der PR-Arbeit eines Unternehmens. (4 P)

b) Mit welchen Instrumenten würden Sie die PR-Arbeit eines Krankenhauses gestalten? (4 P)

c) An welchen Kriterien kann man die Attraktivität des Unternehmens für Arbeitnehmer messen? (4 P)

Lösungen ab S. 155

2.2.1.2 Aufgabenstellung 2
(Steuern von Qualitätsmanagementprozessen – Steuern und Überwachen betriebswirtschaftlicher Prozesse und Ressourcen – Führen und Entwickeln von Personal)

Aufgabe 1 (10 Punkte)

Auf Wunsch des Aufsichtsrats plant die Geschäftsleitung des Rheinklinikums die Einführung eines Qualitätsmanagementsystems. (Prüfungsthema 2015)

a) Erläutern Sie die allgemeinen Voraussetzungen, die für die erfolgreiche Einführung eines QM-Systems gegeben sein müssen. (4 P)

b) Beschreiben Sie drei Vorteile eines QM-Systems. (6 P)

Aufgabe 2 (7 Punkte)

In Krankenhäusern ist es besonders wichtig, die Pflegekräfte in das Pflegemanagement zur Sicherung von Qualität und Sicherheit einzubeziehen. Basis sind dafür eine positive Fehlerkultur des Vertrauens und der Wertschätzung sowie die Vermeidung unnötiger Sanktionen. Das Image einer Einrichtung wird wesentlich von der Fehlerkultur im Unternehmen beeinflusst. (Prüfungsthema 2013, 2015)

a) Erläutern Sie die Begriffe Fehlermanagement und Fehleranalyse. (4 P)

b) Worin bestehen die Ziele einer positiven Fehlerkultur im Krankenhaus? Nennen Sie drei. (3 P)

Aufgabe 3 (9 Punkte)

Die Geschäftsleitung möchte von vornherein der Gefahr begegnen, dass die Konzentration auf ein QM-System dazu führt, sich zu sehr nur auf interne Abläufe zu konzentrieren. Deshalb soll bereits im Vorfeld auch ermittelt werden, was zur Erhöhung der Kundenzufriedenheit getan werden kann. (Prüfungsthema 2013)

a) Führen Sie aus Sicht des Rhein-Klinikums drei Zielgruppen auf, die als Kunden zu definieren sind. (3 P)

b) Machen Sie für jede der von Ihnen genannten Kundengruppen einen Vorschlag, wie der Grad der Zufriedenheit festgestellt werden kann. (6 P)

Aufgabe 4 (8 Punkte)

Zur Vermeidung und rechtzeitigen Erkennung von Risiken sind sowohl Analysetechniken als auch Kontrollsysteme erforderlich.

Nennen Sie je zwei Analysetechniken und zwei Kontrollsysteme, die in der Praxis von Unternehmen des Gesundheitswesens angewendet werden können. (Prüfungsthema 2014)

Aufgabe 5 (11 Punkte)

Zum Bilanzstichtag werden im Rheinklinikum folgende Werte nachgewiesen: (Prüfungsthema 2013, 2015)

Anlagevermögen 28 000 000,00 €, Verbindlichkeiten 400 000,00 €, liquide Mittel 3 000 000,00 €, Sonderposten 25 000 000,00 €, Forderungen 5 000 000,00 €.

a) Erstellen Sie mit diesen Werten eine Bilanz, einschließlich Eigenkapital. (4 P)

b) Errechnen Sie die Eigenkapitalquote. Die Sonderposten sind hierbei als Verbindlichkeiten und nicht als Eigenkapital zu berücksichtigen. (2 P)

c) Auf welcher gesetzlichen Grundlage erfolgt die Erfassung der Erlöse und Aufwendungen? (2 P)

d) Wie werden Jahresüberschüsse der GuV-Rechnung in der Bilanz erfasst und warum sind Überschüsse für dieses Unternehmen so wichtig? (3 P)

Aufgabe 6 (8 Punkte)

Obwohl die Anzahl stationärer Patienten und die Anzahl komplizierter und aufwendiger Krankenhausbehandlungen in den letzten Jahren kontinuierlich gestiegen sind, verzeichnet die Rheinklinik GmbH eine rückläufige Bettenbelegung.

Allgemein kann festgestellt werden, dass der Auslastungsgrad in den Krankenhäusern in den letzten Jahren generell kontinuierlich zurückgegangen ist und heute Belegungswerte um 75 % als „normal" angesehen werden. (Prüfungsthema 2014)

a) Erläutern Sie die Ursache des Belegungsrückgangs. (2 P)

b) Wie wird der Auslastungsgrad der Betten im Krankenhaus berechnet? (4 P)

c) Erklären Sie den Begriff „Belegungstage". (2 P)

Aufgabe 7 (9 Punkte)

Für Patientin Müller wurde eine Fallpauschale mit einem Relativgewicht von 0,800 Punkten ermittelt und gegenüber der Krankenkasse abgerechnet.

Die Patientin wurde nach 3 Tagen auf eigenen Wunsch entlassen, wobei die untere Grenzverweildauer um 1 Tag (0,100 Punkte) unterschritten wurde.

Der landesweit einheitliche Basisfallwert (BFW) beläuft sich auf 3000,00 €. (Prüfungsthema 2014)

a) Nennen sie die beiden wichtigsten Kriterien für die Zuordnung zu Fallpauschalen. (4 P)

b) Berechnen Sie das DRG-Entgelt für den Krankenhausaufenthalt der Patientin. (5 P)

Aufgabe 8   **(10 Punkte)**

Die ambulanten Leistungen im Gesundheitswesen erbringen im Wesentlichen die niedergelassenen Ärzte. Daneben sind auch Krankenhäuser, wie die Rheinklinik GmbH, mit Notfallleistungen, ambulanten Operationen, ambulanten Leistungen für Privatpatienten und – falls erforderlich – auch vertragsärztlichen Leistungen daran beteiligt.

Die Abrechnung dieser Leistungen gegenüber den gesetzlichen Krankenkassen erfolgt in der „Rheinklinik GmbH" und im kooperierenden Medizinischen Versorgungszentrum (MVZ) auf Grundlage des Gebührenkatalogs EBM und gegenüber den privaten Krankenkassen auf Grundlage der GOÄ.

a) Wofür stehen die Abkürzungen EBM und GOÄ? (2 P)

b) Erläutern Sie die Begriffe Mindestsatz, Schwellenwert und Höchstsatz in der GOÄ. (6 P)

c) Was bedeutet der Begriff IGeL? (2 P)

Aufgabe 9   **(6 Punkte)**

Die Essenversorgung der Patienten In der „Rheinklinik GmbH" wird mit 85 000 Beköstigungstagen von der Küche des Hauses vorgenommen.

Die Personalaufwendungen der Küche belaufen sich auf 500 000 € und die Sachaufwendungen auf 400 000 €. Ein externer Anbieter will bei Übernahme des gesamten Küchenpersonals die Patientenversorgung für 10,00 € je Beköstigungstag erbringen.

a) Berechnen Sie die Kosten je Beköstigungstag der hauseigenen Küche. (2 P)

b) Wie hoch ist die Einsparung für das Krankenhaus bei Nutzung des externen Anbieters? (4 P)

Aufgabe 10 (6 Punkte)

In der „Rheinklinik GmbH" wird derzeit gemeinsam mit den Mitarbeitern ein Leitbild erarbeitet.

Erläutern Sie den Begriff Unternehmensleitbild.

Aufgabe 11 (10 Punkte)

Bedingt durch die wirtschaftliche Lage müssen in der „Rheinklink GmbH" die Aufwendungen verringert werden. Die DRG-Fallpauschalen haben in den letzten Jahren zu einer wesentlichen Verkürzung der durchschnittlichen Verweildauer (Aufenthaltsdauer der Patienten) geführt, wodurch eine Vielzahl von Krankenhausbetten nicht mehr ausgelastet ist. Deshalb soll im nächsten Jahr eine Pflegestation geschlossen und damit Personalkosten von 700 000 € eingespart werden. Dazu sind Personalfreisetzungen von drei Ärzten und zehn Pflegekräften notwendig.

a) Mit welchen Maßnahmen würden Sie die Freisetzung des Personals umsetzen? – Nennen Sie drei. (6 P)

b) Was ist bei einer betriebsbedingten Kündigung zu beachten? (4 P)

Aufgabe 12 (6 Punkte)

Primäres Ziel des Personalmarketings der Rheinklinik GmbH ist die Sicherung der Versorgung mit qualifizierten und motivierten Mitarbeitern. Sie richtet sich an potentielle externe Bewerber (externes Personalmarketing) und vorhandene Mitarbeiter (internes Personalmarketing). (Prüfungsthema 2014)

a) Welche Informationen sind im Rahmen des externen Personalmarketings für potentielle Bewerber wichtig? Nennen Sie drei. (3 P)

b) Welche Informationen sind im Rahmen des internen Personalmarketings für die vorhandenen Mitarbeiter wichtig? Nennen
   Sie drei. (3 P)

Lösungen ab S. 165

2.2.2 Aufgabensatz II

2.2.2.1 Aufgabenstellung 1
(Planen, Steuern und Organisieren betrieblicher Prozesse – Gestalten von Schnittstellen und Projekten – Planen und Durchführen von Marketingmaßnahmen)

Aufgabe 1   **(8 Punkte)**
Der Krankenhausbehandlungsvertrag ist ein zivilrechtlicher Vertrag zwischen dem Krankenhaus und dem Patienten über die entgeltliche Durchführung einer Behandlung. Dabei sind Geschäftsfähigkeit und Einwilligungsfähigkeit der Patienten sowie das „Patientenrechtegesetz" zu beachten. (Prüfungsthema 2013, 2014)

a) Erläutern Sie die Begriffe Geschäftsfähigkeit und Einwilligungsfähigkeit der Patienten. (4 P)

b) Welche Grundsätze sind im „Patientenrechtegesetz" geregelt? (4 P)

Aufgabe 2   **(12 Punkte)**
Der Gemeinsame Bundesausschuss ist ein Gremium der Selbstverwaltung im Gesundheitswesen auf Bundesebene. (Prüfungsthema 2012)

a) Erklären Sie die Zusammensetzung (4 P) und die Aufgaben (2 P) des Gemeinsamen Bundesausschusses.

b) Bewerten Sie die Bedeutung der Krankenhausgesellschaften für die „Rheinklinik GmbH". (6 P)

Aufgabe 3   **(6 Punkte)**
Von 2015 an wurde der allgemeine Beitragssatz in der gesetzlichen Krankenversicherung von bisher 15,5 Prozent auf 14,6 Prozent ge-

senkt. Arbeitgeber und Arbeitnehmer tragen jeweils 7,3 Prozent. Der bisherige Sonderbeitrag von 0,9 Prozent, den die Krankenkassenmitglieder allein zahlen müssen, entfällt. Allerdings kann nun jede Krankenkasse einen einkommensabhängigen Zusatzbeitrag erheben, der wiederum allein von den Arbeitnehmern zu tragen ist. Bewerten Sie diese Neuregelung.

Aufgabe 4   **(8 Punkte)**
Der staatliche Sicherstellungsauftrag im ambulanten Bereich soll die Versorgung der Bevölkerung mit ambulanten ärztlichen und zahnärztlichen Leistungen im Rahmen der gesetzlichen Krankenversicherung gewährleisten.

a) Welche Institution ist für die Umsetzung des Sicherstellungsauftrages verantwortlich? (2 P)

b) Erläutern Sie kurz die Begriffe

- Festbetrag,
- Negativliste und
- Aut-idem-Regelung (je 2 P)

Aufgabe 5   **(6 Punkte)**
Betriebliches Ziel der „Rheinklinik GmbH" ist die bestmögliche stationäre medizinische und pflegerische Versorgung der Patienten. Um diese Aufgabe wirtschaftlich zu meistern, fungiert die Klinik als gemeinnützige GmbH. (Prüfungsthema 2013, 2014)
Erklären Sie die Begriffe Gesellschafter und Aufsichtsrat in einer GmbH. (je 3 P)

Aufgabe 6   **(7 Punkte)**
Die von der Geschäftsführung gesteckten Ziele werden von den Mitarbeitern der Klinik zuweilen als unrealistisch bis weltfremd

empfunden. Sie schlagen deshalb vor, künftig für die Zielentwicklung das Gegenstromverfahren anzuwenden.

Erläutern Sie, was damit gemeint ist und stellen Sie die Vor- und Nachteile dar.

Aufgabe 7 (9 Punkte)
Von einer Gemeinschaftspraxis für Kinder- und Jugendpsychiatrie kommt die Anregung, im Hinblick auf die starke Zunahme von Verhaltensstörungen bei Jugendlichen den stationären Bereich der Kinderabteilung zu erweitern.

Sie haben den Auftrag, einen Projektleiter zu bestimmen, der diese Anregung im Rahmen eines Projekts prüfen soll.

Kriterien für die Auswahl des Projektleiters sind Persönlichkeitskompetenz, methodische und soziale Kompetenz.

Zeigen Sie je drei Eigenschaften auf, die diesen Kompetenzanforderungen entsprechen. (Prüfungsthema 2015)

Aufgabe 8 (9 Punkte)
Bei der Zusammenstellung der Projektgruppe ist neben der Frage der notwendigen Größe möglichst zu beachten, welche „Typen" die in Frage kommenden Mitarbeiter sind und ob eine konstruktive Mitarbeit erwartet werden kann. (Prüfungsthema 2012, 2014)

a) Erläutern Sie, von welchen Aspekten die Größe eines Projektteams abhängt. (2 P)

b) Beschreiben Sie drei verschiedene Rollen, die Mitglieder eines Projektteams möglicherweise einnehmen, und zu jeder, wie der Projektleiter damit umgehen sollte. (6 P)

Aufgabe 9 (8 Punkte)
Die Zentralküche der Rheinklinik beliefert auch das Seniorenzentrum „Arche Noah" mit Essen. Die Produktivität der Küche konnte in den letzten Jahren deutlich gesteigert werden. Um die Arbeitsplätze

in diesem Bereich zu erhalten, wollen Sie die Möglichkeit prüfen, die vorhandenen Kapazitäten besser auszulasten oder sogar zu erweitern. Dabei gehen Sie systematisch vor unter Nutzung der Produkt-Markt-Matrix nach Ansoff.

Stellen Sie für jede der vier Kombinationen dar, welche Strategie hier angezeigt ist und wie die Umsetzung im gegebenen Fall aussehen könnte.

Aufgabe 10   **(14 Punkte)**
Von Ihrem Unternehmen wurde bisher keinerlei Öffentlichkeitsarbeit betrieben. Nach einer Serie negativer Leserbriefe, die in der örtlichen Tageszeitung abgedruckt wurden, soll dieser Mangel schnell beseitigt werden. (Prüfungsthema 2012, 2014)

a) Erläutern Sie drei Maßnahmen, die Sie sofort ergreifen würden. (6 P)

b) Mittel- und langfristig muss nach Ihrer Überzeugung eine Stabsstelle Öffentlichkeitsarbeit bei der Klinikleitung geschaffen werden. Beschreiben Sie die Hauptaufgaben einer solchen Stelle und die einzusetzenden Instrumente. (8 P)

Aufgabe 11   **(10 Punkte)**
Für die Erarbeitung eines Strategiepapiers soll zunächst eine sorgfältige Analyse der Marktsituation vorgenommen werden.

a) Erklären Sie, wie Sie für diese Aufgabe die Mittel der Primär- und der Sekundärforschung einsetzen würden. (4 P)

b) Beschreiben Sie kurz die auf die Marktuntersuchung folgenden fünf weiteren Schritte des Marketing-Regelkreises. (6 P)

Lösungen ab S. 173

2.2.2.2 Aufgabenstellung 2
(Steuern von Qualitätsmanagementprozessen – Steuern und Überwachen betriebswirtschaftlicher Prozesse und Ressourcen – Führen und Entwickeln von Personal)

Aufgabe 1 (10 Punkte)
Auf Anregung eines Mitglieds des Aufsichtsrats soll das Angebot der Krankenhauskantine für die Kinder und Jugendabteilung geprüft werden. Ziel soll sein, eine speziell für Heranwachsende geeignete Ernährung der stationären Patienten sicherzustellen. (Prüfungsthema 2014, 2015)

a) Wie viele Mitglieder sollte ein dafür einzurichtender Qualitätszirkel umfassen? Nennen Sie Fachleute, die ihm angehören sollen. (2 P)
b) Erläutern Sie die konkreten Schritte, die in Anwendung des PDCA-Zyklus angegangen werden sollten. (8 P)

Aufgabe 2 (10 Punkte)
Das Vorschlagwesen ist ein wichtiger Bestandteil des Qualitätsmanagements. Hauptschwachpunkt des bisherigen Vorschlagswesens war die unregelmäßige und intransparente Bearbeitung der eingegangenen Vorschläge, so dass das Vorschlagswesen weitgehend zum Erliegen kam. In Zukunft sollen die Verbesserungsvorschläge im Rahmen des Qualitätsmanagements systematisch abgearbeitet werden. Entwerfen Sie eine Checkliste der Arbeitsschritte bei der Bearbeitung von Verbesserungsvorschlägen.

Aufgabe 3 (6 Punkte)
Ähnlich wie mit dem Vorschlagswesen steht es auch um das Beschwerdemanagement. Es ist lediglich in der Nähe des Empfangs

ein Briefkasten angebracht mit der Aufschrift „ Hinweise und Anregungen".

a) Erläutern Sie, warum ein funktionierendes Beschwerdemanagement für die Sicherung der Qualität des Klinikums wichtig ist. (3 P)

b) Schlagen Sie Maßnahmen vor, mit denen unmittelbar das Beschwerdemanagement wieder belebt werden kann. (3 P)

Aufgabe 4   **(8 Punkte)**
Zur Vorbereitung auf Ihre Prüfung als Gesundheits-Fachwirt und die Prüfung selbst und die anschließend notwendige Erholung haben Sie ausnahmsweise drei Wochen Urlaub zusammenhängend genommen. Sie haben zwar wohlweislich für eingehende E-Mails einen Autoresponder aktiviert, dabei aber unter anderem auch geschrieben, falls der Vorgang bis zu ihrer Rückkehr aus dem Urlaub Zeit habe, möge man bitte einen Ausdruck der Mail, die man ihnen schicken wollte, in ihr Fach legen. Nach ihrer Rückkehr ist ihr Fach zwar leer – allerdings nur deshalb, weil nette Kollegen alle Post in einem Waschkorb für Sie gesammelt haben. Sie beschließen, als ersten Schritt alle darin enthaltenen Dokumente nach dem Eisenhower-Prinzip in verschiedene Eingangskörbe zu sortieren.

a) Wie viele Körbe brauchen sie und wie werden diese gekennzeichnet? (4 P)

b) Erklären Sie für jeden dieser Körbe, wie sie damit weiter verfahren. (4 P)

Aufgabe 5   **(8 Punkte)**
Die Finanzierung der freigemeinnützigen „Rheinklinik GmbH" erfolgt auf Grundlage des Krankenhausfinanzierungsgesetzes (KHG) nach dem dualen Finanzierungsmodell.

a) Erläutern Sie das duale Finanzierungsmodell. (4 P)

b) Welche weitere Finanzierungsmodelle gibt es? Nennen und erläutern Sie diese. (4 P)

Aufgabe 6 (8 Punkte)

Für die „Rheinklinik GmbH" wurde mit den Krankenkassen ein DRG-Budget von 39 000 000,00 € vereinbart. Dabei wurden eine Patientenzahl von 14 493 und ein Basisfallwert (BFW) von 3 000,00 € zugrunde gelegt.

Ermitteln Sie den mit den Krankenkassen vereinbarten Casemix und CMI. (je 4 P)

Aufgabe 7 (8 Punkte)

Das vereinbarte DRG-Budget der Klinik von 39 000 000 € ist flexibel, kann also über- und unterschritten werden. Über- und Unterschreitungen des vereinbarten Budgets werden mit entsprechenden Zu- und Abschlägen im Folgejahr ausgeglichen.

Im Ergebnis des Jahres wurde ein Casemix von 13 100,000 Punkten erreicht. Der Basisfallwert (BFW) belief sich auf 3 000,00 €

Damit wurden mehr Erlöse erzielt, als zuvor mit den Kassen vereinbart worden war. Im Krankenhausentgelt-Gesetz ist geregelt, dass Mehreinnahmen im Vergleich zur Budgetvereinbarung zu 65 % im Folgejahr an die Krankenkassen zurückzuzahlen sind.

a) Errechnen Sie die Einnahmen der Klinik (ohne Ausgleich). (4 P)

b) Wie viel der Mehreinnahmen müssen an die Krankenkassen zurückgezahlt werden? (4 P)

Aufgabe 8 (8 Punkte)

Die Wirtschaftsabteilung der Rheinklinik GmbH führt im laufenden Monat folgende Beschaffungen durch: (Prüfungsthema 2014)

- Auto im Wert von 20 000 €
- 100 Spritzen im Wert von 1 €/je Spritze
- 10 Einweginstrumente im Wert von 40 €/je Einweginstrument
- Ultraschallgerät im Wert von 80 000 €
- Spezialmatratze im Wert von 800 € und einer Nutzungsdauer von einem Jahr

a) Die Beschaffungen sind den Anlagegütern, Gebrauchsgütern und Verbrauchsgütern zuzuordnen. (5 P)

b) Erläutern Sie die Begriffe Anlagegüter, Gebrauchsgüter und Verbrauchsgüter. Wie werden sie jeweils finanziert? (3 P)

Aufgabe 9   **(8 Punkte)**

Die Alteneinrichtung „Arche Noah" hat in der Klinik angefragt, ob eine Mitversorgung ihrer Bewohnerinnen und Bewohner mit Essenleistungen in Höhe von 30 000 Beköstigungstagen möglich ist und würde dafür 10,00 € je Beköstigungstag zahlen.

Der Küchenleiter hat ermittelt, dass eine Mitversorgung der Alteneinrichtung bei zusätzlichen Fixkosten von 50 000,00 € und zusätzlichen variablen Kosten von 5,00 € je Beköstigungstag möglich wäre.

Die Essenversorgung der Patienten in der „Rheinklinik GmbH" wurde bisher mit 85 000 Beköstigungstagen von der Küche der Klinik vorgenommen. Die Aufwendungen der Küche belaufen sich bisher auf 900 000 €. (Prüfungsthema 2012)

a) Berechnen Sie die Kosten je Berechnungstag bei Mitversorgung der Alteneinrichtung. (4 P)

b) Ermitteln Sie die Höhe der möglichen Einsparung bei Mitversorgung der Alteneinrichtung. (4 P)

Aufgabe 10 (6 Punkte)

Der Beruf der Gesundheits- und Krankenpflege ist auf Grund der demografischen Entwicklung der Gesellschaft ein Beruf mit großer Zukunft.

Viele Krankenhäuser betreiben deshalb auch eine Krankenpflegeschule, so auch die „Rheinklinik GmbH".

Zur Ermittlung des Ausbildungsbedarfs sollten Kennzahlen genutzt werden. (Prüfungsthema 2014)

a) Nennen Sie drei Kennzahlen zur Ermittlung des Ausbildungsbedarfs. (3 P)

b) Welche Eigenschaften sollten die Kennzahlen zur Ermittlung des Ausbildungsbedarfs haben? (3 P)

Aufgabe 11 (8 Punkte)

Nach der Ausbildereignungsverordnung (AEVO) müssen Unternehmen, die nach dem dualen System ausbilden, mindestens einen Ausbilder beschäftigen, der in der Regel eine arbeits- und berufspädagogische Fachqualifikation (Ausbildung der Ausbilder) hat. Für Ausbilder (Praxisanleiter) in den Pflegeberufen ist eine Zusatzqualifikation seit 2004 gesetzlich vorgeschrieben. (Prüfungsthema 2015)

a) Welche Aufgaben haben die Ausbilder? Nennen Sie vier. (4 P)

b) Welche fachlichen Kompetenzen und Fähigkeiten werden von einem Ausbilder verlangt? Nennen Sie vier. (4 P)

Aufgabe 12 (12 Punkte)

Die Personalentwicklung in Krankenhäusern sollte in Übereinstimmung mit den Interessen der Mitarbeiter erfolgen. (Prüfungsthema 2015)

a) Warum wird die Fort- und Weiterbildung der Mitarbeiter in den stationären Bereichen des Gesundheitswesens immer wichtiger? Nennen Sie drei Gründe. (6 P)

b) Definieren Sie drei Ziele der Aus- und Weiterbildung von Mitarbeitern in der Pflege. (6 P)

Lösungen ab S. 180

2.2.3 Aufgabensatz III

2.2.3.1 Aufgabenstellung 1
(Planen, Steuern und Organisieren betrieblicher Prozesse – Gestalten von Schnittstellen und Projekten – Planen und Durchführen von Marketingmaßnahmen)

Aufgabe 1   **(6 Punkte)**

Wesentlicher Eckpfeiler der sozialen Marktwirtschaft ist ein durchgängig leistungsfähiges und effektives Gesundheitswesen. Deshalb liegt die Gesamtverantwortung für Gesundheitswesen und gesetzliche Krankenversicherung beim Bund. Exekutive und Legislative werden durch das Bundesministerium für Gesundheit, den Bundestag und den Bundesrat präsentiert. Aber auch die Bundesländer sind in die Entscheidungsfindung im Gesundheitswesen einbezogen.

Beschreiben Sie die Kompetenzverteilung bei der Entscheidungsfindung im Gesundheitswesen zwischen Bund und Ländern.

Aufgabe 2   **(8 Punkte)**

In Deutschland unterscheiden wir gesetzliche und private Krankenkassen.

Die gesetzlichen Krankenkassen sind wesentlicher Bestandteil des Gesundheits- und Sozialsystem der sozialen Marktwirtschaft.

a) Nennen Sie vier gesetzliche Krankenversicherungen. (4 P)
b) Beschreiben Sie die Aufgaben der gesetzlichen Krankenversicherungen. (2 P)
c) Erklären Sie den Unterschied zwischen Primärkassen und Ersatzkassen. (2 P)

Aufgabe 3 (8 Punkte)

In den vergangenen Jahren sind viele Versicherte von der gesetzlichen in die private Krankenversicherung gewechselt.

a) Nennen Sie vier mögliche Motive für diesen Wechsel. (4 P)

b) Nennen Sie die Voraussetzungen, unter denen dieser Wechsel möglich ist. (2 P)

c) Ist ein Wechsel zurück in die gesetzliche Krankenversicherung möglich? (2 P)

Aufgabe 4 (8 Punkte)

In den Richtlinien des Bundesausschusses über die Verordnung von Krankenhausleistungen wird in § 1 geregelt, dass die ambulanten Behandlungen Vorrang gegenüber stationären Behandlungen haben.

a) Warum wurde diese Regelung getroffen? (4 P)

b) Krankenhausbehandlungen werden stationär, teilstationär, vor- und nachstationär sowie ambulant erbracht. Was verstehen Sie unter „vor- und nachstationärer Behandlung"? (4 P)

Aufgabe 5 (10 Punkte)

In den letzten Jahren ist ein starkes Anwachsen des privaten Krankenhaussektors zu beobachten. Eine besondere Rolle spielen dabei Krankenhauskonzerne, die oft defizitäre kommunale Krankenhäuser übernehmen. (Prüfungsthema 2014)

a) Nennen Sie drei dieser großen Krankenhauskonzerne. (3 P)

b) Worin unterscheidet sich das Unternehmensziel dieser Unternehmen von dem kommunaler oder freigemeinnütziger Krankenhäuser? (3 P)

c) Nennen Sie je zwei Vor- und Nachteile der privaten gewerbli-

chen Krankenhäuser gegenüber kommunalen und freigemeinnützigen Häusern. (4 P)

Aufgabe 6   **(8 Punkte)**
Auch im Krankenhaus ist eine kollegiale interdisziplinäre Zusam-
menarbeit der Ärzte wesentliche Voraussetzung für den Erfolg des
Hauses.
Die häufigste Krebserkrankung bei Frauen ist das Mammakarzi-
nom. Um diese Erkrankung bestmöglich behandeln zu können, hat
sich die Rheinklinik GmbH als Brustzentrum zertifizieren lassen.
Erläutern Sie die Zusammenarbeit von Ärzten am Beispiel des
Brustzentrums der Rheinklinik GmbH.

Aufgabe 7   **(8 Punkte)**
Projektgruppen durchlaufen nach ihrer Bildung typischerweise vier
verschiedene Phasen, die sich durch ein unterschiedliches Klima
und Arbeitsniveau bemerkbar machen.
Nennen und beschreiben Sie diese Phasen. (Prüfungsthema 2012,
2013)

Aufgabe 8   **(10 Punkte)**
Nennen Sie drei verschiedene an der Projektorganisation Beteiligte
und erläutern Sie ihre Bedeutung für das Projekt.

Aufgabe 9   **(10 Punkte)**
Im Marketing sind verschiedene Interessengruppen zu berücksichtigen. Dabei wird häufig unterschieden zwischen „Shareholdern"
(Anteilseignern) und „Stakeholdern" (allen anderen an der Entwicklung des Unternehmens interessierten Gruppen).
Nennen Sie fünf verschiedene mögliche „Stakeholder" bei gemeinnützigen sozialen Einrichtungen und zu jedem ein Beispiel für
deren Interessen und Ansprüche. (Prüfungsthema 2013)

Aufgabe 10 (14 Punkte)

Auch für Unternehmen im Gesundheits- und Sozialwesen stellen Markterschließung und Marktsicherung wichtige Strategien dar.

a) Erläutern Sie an einem selbst gewählten Beispiel für ein Unternehmen im Sozial- und Gesundheitswesen den Unterschied zwischen Markterschließung und Marktsicherung. (5 P)

b) Nennen Sie drei verschiedene Strategien der Markterschließung und erläutern Sie diese an Ihrem unter a) gewählten Beispiel. (9 P)

Aufgabe 11 (11 Punkte)

Das Beschwerdemanagement umfasst die Gesamtheit aller Maßnahmen zur Erfassung, Bearbeitung und Auswertung aller Beschwerden von Kunden mit dem Ziel, die Kundenzufriedenheit und die Servicequalität zu erhöhen, um am Markt erfolgreich zu sein.

Nennen Sie fünf Maßnahmen, um den Beschwerdemanagementprozess zu gestalten. (Prüfungsthema 2015)

Lösungen ab S. 188

2.2.3.2 Aufgabenstellung 2
(Steuern von Qualitätsmanagementprozessen – Steuern und Überwachen betriebswirtschaftlicher Prozesse und Ressourcen – Führen und Entwickeln von Personal)

Aufgabe 1   **(6 Punkte)**
Aufsichtsrat und Geschäftsführung des Rheinklinikums haben sich für die Einführung eines Qualitätsmanagementsystems entschieden. Das Vorgehen soll sich an der Kapitel-Gliederung der ISO 9001 orientieren.

Beschreiben Sie dem entsprechend sechs verschiedene erforderliche Schritte. (Prüfungsthema 2013)

Aufgabe 2   **(12 Punkte)**
Der gemeinsame Bundesausschuss (G-BA) hat eine besondere Bedeutung bei der Qualitätssicherung in der vertragsärztlichen Versorgung und in den Plankrankenhäusern. (Prüfungsthema 2012)

a) Welche Aufgaben hat der G-BA im Rahmen der Qualitätssicherung? Nennen Sie drei. (9 P)

b) In welchem zeitlichen Abstand haben die Krankenhäuser Qualitätsberichte zu erstellen? (2 P)

c) Wie findet man die Qualitätsberichte der Krankenhäuser? (1 P)

Aufgabe 3   **(9 Punkte)**
Im Zusammenhang mit der bevorstehenden Einführung des QM-Systems fällt unvermeidlich immer häufiger der Begriff Audit. Sie bemerken, dass vor allem ältere Ärzte daraufhin zwar gern unter Beweis stellen wollen, dass sie das lateinische Wort Audit („er, sie, es hört") kennen, aber absolut keine Ahnung davon haben, was es im gegebenen Zusammenhang bedeutet.

Erläutern Sie, was Audit im Zusammenhang mit dem Qualitätsmanagement bedeutet und welche Ziele mit einem Audit verfolgt
werden. (Prüfungsthema 2013)

Aufgabe 4 (7 Punkte)

Um bei Fehlentwicklungen möglichst zügig die Ursache ermitteln
zu können, soll nach dem so genannten 7-M-Modell von Ishikawa
vorgegangen werden.

Nennen Sie die Begriffe, die sich hinter diesem Begriff verbergen
und erläutern Sie bei jedem kurz, wie er für eine Fehlentwicklung
oder Abweichung verantwortlich sein könnte. (Prüfungsthema 2012,
2015)

Aufgabe 5 (12 Punkte)

Im Rahmen der Jahresabschlussarbeiten der „Rheinklink GmbH"
sind Rückstellungen zu bilden.

a) Wodurch unterscheiden sich Rückstellungen von sonstigen Verbindlichkeiten? (4 P)

b) Zu welchem Zeitpunkt sind Rückstellungen aufzulösen? (2 P)

c) Begründen Sie, ob bei nachfolgenden Geschäftsvorfällen eine
   Rückstellung im Jahresabschluss der „Rheinklinik GmbH" gebildet werden muss. (6 P)

   ca) Für die gesetzlich vorgeschriebene Jahresabschlussprüfung
       durch einen Wirtschaftsprüfer im Frühjahr des Folgejahres
       werden Kosten von etwa 20 000 € erwartet.

   cb) Nachdem die Klinik im Geschäftsjahr 1 000 000 € mehr ein-
       genommen hat als mit den Krankenkassen vereinbart war,
       müssen nach der Entgeltverhandlung 65 % davon oder
       650 000 € im Folgejahr an die Krankenkassen zurückgezahlt
       werden.

cc) Ein Lkw des Technischen Dienstes der Klinik müsste wegen erheblicher Mängel im Dezember repariert werden. Da der LKW wegen dringenden Bauarbeiten unbedingt benötigt wird, soll die Reparatur erst im Februar des folgenden Jahres erfolgen. Der zu erwartende Aufwand beläuft sich auf etwa 11 000 €.

Aufgabe 6   **(8 Punkte)**
Die Förderung der Investitionen in Krankenhäuser richtet sich nach dem KHG und den Krankenhausfinanzierungsgesetzen der einzelnen Bundesländer.
   Erklären Sie die Begriffe Einzelförderung und Pauschale Förderung. (je 4 P)

Aufgabe 7   **(8 Punkte)**
Neben den allgemeinen Krankenhausleistungen, die in der Regel mit Fallpauschalen abgerechnet werden, erbringt das Rheinklinikum auch Wahlleistungen.
   Wahlleistungen sind zusätzliche Leistungen. Sie sind gesondert zwischen Krankenhaus und Patient zu vereinbaren. Die Vereinbarung wird in der Regel am Aufnahmetag unterschrieben und gilt in der Regel für den gesamten stationären Aufenthalt. Die Aufwendungen für Wahlleistungen werden nicht von den gesetzlichen Krankenkassen übernommen.

a) Erläutern Sie die beiden Arten anhand eines Beispiels. (4 P)

b) Wie werden Wahlleistungen berechnet und wer finanziert diese? (4 P)

Aufgabe 8   **(10 Punkte)**
Sie erhalten die Aufgabe, das die Kostenkalkulation des warmen Mittagessens der Rheinklinik GmbH (Jahresergebnis) zu prüfen.

Die Personalaufwendungen für die Mittagessen belaufen sich auf 250 000 €, der Sachmitteleinsatz auf 2,00 je Mahlzeit.

Bekanntlich hat die Klinik 300 Planbetten, die zu 75 % im Jahresdurchschnitt belegt sind. (Prüfungsthema 2013)

a) Ermitteln Sie die max. möglichen Soll-Belegungstage (bei 365 Tage/Jahr). (2 P)

b) Errechnen Sie die Anzahl der benötigten Mittagessen bei der Belegung von 75 %. (2 P)

(Gehen Sie dabei davon aus, dass an allen Belegungstagen ein Mittagessen pro Bett benötigt wird).

c) Ermitteln Sie die Kosten pro Mittagessen bei derzeitiger Belegung der Betten. (3 P)

d) Ermitteln Sie die Kosten pro Mittagessen bei „voller" Belegung der Betten. (3 P)

Aufgabe 9   **(6 Punkte)**
Die Versicherungskosten sind neben dem medizinischen Sachbedarf die am schnellsten steigenden Aufwendungen in den Krankenhäusern. Diese Entwicklung ist dadurch bedingt, dass immer häufiger Patienten vermeintliche Behandlungsfehler reklamieren.

Die häufigsten Fehler entstehen durch nicht fachgerechte Behandlung und fehlende Sorgfalt bei Diagnostik, Risikoaufklärung, Operationen und postoperativen Therapien.

Allerdings ist der Nachweis, dass eine Behandlung einen Schaden verursacht hat, durch den Patienten zu führen.

Was sollten Patienten und Krankenhäuser bei Behandlungsfehlern beachten? Nennen Sie je drei Aufgaben. (je 2 P)

Aufgabe 10   **(6 Punkte)**
Der Pflegepersonalbedarf in den Krankenhäusern wird in der Regel auf der Grundlage von Krankenhausbetten bzw. Patientenzahlen

ermittelt. So soll beispielsweise in einem Krankenhaus für etwa 1,8 Krankenhausbetten oder für etwa 65 Patienten im Jahr eine Pflegevollkraft beschäftigt werden. Ein Problem der Vergleichbarkeit ist, dass der Pflegebedarf in den einzelnen Einrichtungen und Abteilungen sehr unterschiedlich ist. Der Personalbedarf muss daher auch an anderen Kriterien ausgerichtet werden.

Nennen Sie drei dieser zusätzlichen Kriterien der Bemessung des Personalbedarfs für die Pflege im Krankenhaus.

Aufgabe 11 (8 Punkte)

Die Rheinklinik GmbH beabsichtigt, sich künftig bei der Personalauswahl eines „Assessment Centers" zu bedienen, um die Fähigkeiten und die Persönlichkeit des Bewerbers oder Arbeitnehmers besser einschätzen zu können.

Ein Assessment Center ist ein meist mehrtägiges komplexes Verfahren zur Ermittlung und Feststellung der Leistungsfähigkeit von Bewerbern. (Prüfungsthema 2014)

a) Nennen Sie vier Vorteile eines Assessment Centers für das Krankenhaus. (4 P)

b) Nennen Sie vier Formen der Personalauswahl des Assessment Centers. (4 P)

Aufgabe 12 (8 Punkte)

Wissenschaftlich-technischer Fortschritt, demografischer Wandel und zunehmender Schweregrad der stationären Behandlung machen es für die Pflegekräfte notwendig, im Rahmen der Fortbildung berufliche Kenntnisse zu vertiefen und im Rahmen der Weiterbildung neue Qualifikationen zu erwerben. (Prüfungsthema 2015)

Nennen Sie je vier Fortbildungs- und Weiterbildungsmaßnahmen für Pflegekräfte. (8 P)

Lösungen ab S. 195

2.2.4 Aufgabensatz IV

2.2.4.1 Aufgabenstellung 1
(Planen, Steuern und Organisieren betrieblicher Prozesse – Gestalten von Schnittstellen und Projekten – Planen und Durchführen von Marketingmaßnahmen)

Aufgabe 1 **(10 Punkte)**
Das deutsche Gesundheitswesen entwickelt sich stetig. (Prüfungsthema 2014)

a) Nennen Sie vier Ziele der nationalen Gesundheitspolitik. (4 P)

b) Die Sicherung des Subsidiaritätsprinzips und des Solidaritätsprinzips sind wesentliche Elemente der Gesundheit- und Sozialpolitik. Was beinhalten diese beiden Prinzipien? (2 P)

c) Im Artikel 20 des Grundgesetzes ist das Sozialstaatsprinzip der Bundesrepublik geregelt. Welche staatlichen Regelungen sollen dieses Sozialstaatsprinzip im Gesundheitswesen sichern? (4 P)

Aufgabe 2 **(8 Punkte)**
Eine der wesentlichen Neuerungen in der Gesundheitspolitik war die Einführung des Gesundheitsfonds im Jahre 2009. Seit dieser Zeit werden die Beiträge und die Steuerzuschüsse zur gesetzlichen Krankenversicherung an diese zentrale Einrichtung gezahlt.

Aus dem Gesundheitsfonds erhalten die Krankenkassen die Mittel für die Versorgung ihrer Versicherten und ihre Aufwendungen. Ferner wurde für alle Versicherten ein einheitlicher Beitragsatz festgesetzt.

a) Nach welchen Kriterien werden die Mittel des Gesundheitsfonds an die Krankenkassen verteilt? (3 P)

b) Erklären Sie den Begriff „Zusatzbeitrag". (2 P)

c) Beurteilen Sie die Festlegung, dass bei weiteren notwendigen Erhöhungen des Beitragssatzes der Arbeitgeberbeitrag auf 7,3% begrenzt bleibt und künftige Steigerungen ausschließlich von den Arbeitnehmern zu finanzieren sind. (3 P)

Aufgabe 3 **(8 Punkte)**
Die Weltgesundheitsorganisation (WHO) hat verschiedene Kriterien als Maßstab der Bewertung der Qualität der nationalen und europäischen Gesundheitspolitik festgelegt.

a) Nennen Sie drei dieser Kriterien. (je 1 P)
b) Erläutern Sie, inwieweit und durch welche Regelungen diese Voraussetzung in Deutschland für Arzneimittel umgesetzt ist. (5 P)

Aufgabe 4 **(8 Punkte)**
Auch in Krankenhäusern werden Unternehmensaktivitäten in Kern- und Unterstützungsprozesse unterteilt. (Prüfungsthema 2014)

a) Erläutern Sie die beiden Begriffe. (4 P)
b) Optimieren Sie den Kernprozess „Erstellung und Versand der Arztbriefe" mit Hilfe des Managementregelkreises. (4 P)

Aufgabe 5 **(6 Punkte)**
Die Krankenhausbehandlung ist eine Leistung, die auf Grundlage des SGB V und der Richtlinien des Bundesausschusses (Krankenhausbehandlungs-Richtlinien) erfolgt.

a) Welche Leistungen werden in zugelassenen Krankenhäusern erbracht? (3 P)
b) Wer entscheidet letztlich über die Krankenhausaufnahme? (3 P)

Aufgabe 6   (8 Punkte)

Als Schnittstellenmanager der Klinik erhalten Sie den Auftrag, eine Schnittstellen-Checkliste zu erstellen, um die Nachbehandlung der entlassenen Patienten zu sichern. (Prüfungsthema 2015)

a) Erläutern Sie Ihrer nachgeordneten Hilfskraft, was unter dem Begriff „Schnittstellen" zu verstehen ist. (4 P)

b) Welche Punkte sind in der geforderten Schnittstellen-Checkliste zu berücksichtigen? (4 P)

Aufgabe 7   (12 Punkte)

a) Nennen Sie drei verschiedene Möglichkeiten der Organisation eines Projektteams und erläutern sie eine davon. (6 P)

b) Von welchen Kriterien hängt es ab, welche Organisationsform für ein Projekt zu wählen ist? (6 P)

Aufgabe 8   (6 Punkte)

Zur weiteren Vorbereitung des Projekts werten Sie die Erfahrungen der bisherigen Projekte im Rhein-Klinikum aus, insbesondere derjenigen, bei denen nicht alles nach Plan gelaufen ist. Erstellen Sie eine Liste der sechs häufigsten Quellen von Gefahren und Risiken aus dem Projektumfeld. (Prüfungsthema 2014)

Aufgabe 9   (10 Punkte)

Im Marketing gibt es grundsätzliche Unterschiede zwischen „Social Marketing" und „Business Marketing". Erläutern Sie den Unterschied zwischen beiden Bereichen in Bezug auf

a) den Charakter der die Marketingmaßnahmen durchführenden Organisationen; (4 P)

b) die grundlegenden Ziele. (6 P)

Aufgabe 10 **(15 Punkte)**
Die Portfolioanalyse ist ein Planungs- und Analyseinstrument des Marketings zur Formulierung und Untersuchung von Unternehmensstrategien.

Grundlagen sind die Unternehmens- und die Umweltanalyse. Die Unternehmensanalyse dient der Beurteilung der Stärken und Schwächen, die Umweltanalyse beurteilt die Marktchancen und -risiken des Unternehmens.

Eine der wichtigsten Portfolioanalysen ist die Vier-Felder-Matrix der Boston Consulting Group.

Erläutern Sie die Vier-Felder-Matrix. (Prüfungsthema 2015)

Aufgabe 11 **(9 Punkte)**
Im Sozialwesen sind viele Einrichtungen in besonderem Maße auf Einnahmen aus Spenden angewiesen. (Prüfungsthema 2013)

a) Definieren Sie den Begriff „Spende". (2 P)

b) Erläutern Sie, was in diesem Zusammenhang unter dem in den letzten Jahren vermehrt auftretenden Begriff „Fundraising" zu verstehen ist. (2 P)

c) Definieren Sie die Bestandteile eines betrieblichen „Fundraising-Konzeptes". (5 P)

Lösungen ab S. 203

2 Aufgaben

2.2.4.2 Aufgabenstellung 2

(Steuern von Qualitätsmanagementprozessen – Steuern und Überwachen betriebswirtschaftlicher Prozesse und Ressourcen – Führen und Entwickeln von Personal)

Aufgabe 1 (8 Punkte)

Das Rhein Klinikum möchte ein Qualitätsmanagementsystem einführen, ist sich dabei aber der Gefahr bewusst, dass eine zu starke Fixierung auf interne Regelungen und standardisierte Abläufe auch einen Verlust an Flexibilität bewirken kann. Deshalb wird geprüft, wie dieser Gefahr von vornherein begegnet werden kann. In diesem Zusammenhang beschäftigt sich das Klinikum auch mit dem PDCA-Zyklus. (Prüfungsthema 2014, 2015)

a) Erläutern Sie den Begriff PDCA-Zyklus. (4 P)

b) Erklären Sie, wie weit der PDCA-Zyklus helfen kann, dem geschilderten Problem zu begegnen. (4 P)

Aufgabe 2 (8 Punkte)

Kernpunkt des Qualitätsmanagements ist die Dokumentation. Erläutern Sie, welche Bestandteile diese Dokumentation enthalten muss und welche Regeln für die Fortführung der Dokumentation gelten.

Aufgabe 3 (8 Punkte)

Nachdem sich auf einer Krankenstation des Hauses Pflegefehler gehäuft haben, werden Sie von der Geschäftsführung gebeten, mit Hilfe eines Workshops eine einheitliche Fehlererfassung und -analyse zu organisieren und Vorschläge zur Fehlervermeidung zu entwickeln. (Prüfungsthema 2015)

a) Nennen Sie drei Aufgaben bei der organisatorischen Vorbereitung des Workshops. (3 P)

b) Planen Sie den inhaltlichen Ablauf des Workshops. (5 P)

Aufgabe 4 **(10 Punkte)**

In einem Gespräch über die Gewichtung von Zielen des QM-Systems erwähnt der Controller auch das Pareto-Prinzip und die ABC-Analyse und äußert dabei eher beiläufig, dass diese „Allzweckwaffe" auch zum Selbstmanagement bestens geeignet sei.

a) Erklären Sie den Unterschied zwischen Pareto-Prinzip und ABC-Analyse. (4 P)

b) Beschreiben Sie, wie Sie sich eine sinnvolle Nutzung der ABC-Analyse im Selbstmanagement vorstellen können. (6 P)

Aufgabe 5 **(10 Punkte)**

Die Deckungsbeitragsrechnung dient bekanntlich zur Analyse der Unternehmenssituation, zur Erfolgsermittlung und zur Preiskalkulation.

Was verbirgt sich hinter dem Begriff der Deckungsbeitragsrechnung? (Prüfungsthema 2012, 2015)

Aufgabe 6 **(5 Punkte)**

Die Anlagegüter eines Unternehmens werden über einen längeren Zeitraum (Nutzungsdauer) genutzt. Dabei nimmt der Wert der Anlagegüter im Zeitablauf ab. Die buchhalterische Erfassung dieser Wertminderung wird Abschreibung genannt.

Die jährlichen Abschreibungen werden auf einem Aufwandskonto erfasst.

Bei der Erfassung und Abschreibung von Anlagegütern, die mit staatlichen Fördermitteln (Einzel- und Pauschalförderung) finanziert werden, gibt es im Krankenhausbereich eine besondere buchhalterische Regelung.

Erläutern Sie, wie diese Anlagegüter in der Finanzbuchhaltung erfasst und wie die Abschreibungen buchhalterisch behandelt werden. (Prüfungsthema 2015)

Aufgabe 7 **(10 Punkte)**

Ein benachbartes Krankenhaus hatte ein DRG-Budget von 30 000 000 € vereinbart. (Prüfungsthema 2016)

Im Ergebnis des Jahres wurden 10 000 Patienten behandelt und als DRG-Pauschalen mit einem landesweit einheitlichen Basisfallwert (BFW) von 3 000,00 € abgerechnet.

Der Casemix-Index (CMI) belief sich auf 0,900.

Damit wurde das vereinbarte Budget nicht erreicht.

Mindereinnahmen im Vergleich zur Budgetvereinbarung sind im Folgejahr in Höhe von 20 % auszugleichen.

a) Ermitteln Sie die im Ergebnis des Jahres erzielten Einnahmen (ohne Ausgleich) des Krankenhauses. (4 P)

b) Berechnen Sie den Budgetausgleich zu Gunsten der Klinik. (4 P)

c) In welcher Höhe sind die Einnahmen in der Gewinn- und Verlustrechnung (GUV) darzustellen? (2 P)

Aufgabe 8 **(6 Punkte)**

In der „Rheinklinik GmbH" gelten die Bettenabteilungen als Hauptkostenstellen. Alle „primären" Kosten, wie beispielsweise Personalaufwendungen für Ärzte und Pflegepersonal, werden den jeweiligen Kostenstellen direkt zugeordnet. Die Dienstleistungen der Röntgenabteilung für die Fachabteilungen gelten dagegen als „sekundäre" Leistungen und werden den Abteilungen über eine innerbetriebliche Verrechnung zugeordnet. Die Röntgenabteilung hat im letzten Jahr 42 000 Leistungen mit einem GOÄ-Wert von 20 000 000 Punkten erbracht. 40 % dieser Punktwerte entfallen auf die chirurgische Abteilung.

Die Personalaufwendungen der Röntgenabteilung belaufen sich auf 200 000,00 € für Ärzte und 350 000,00 € für medizintechnisches Personal. Die Sachaufwendungen belaufen sich auf 400 000,00 €.

Ermitteln Sie die Aufwendungen der Röntgenabteilung, die der Chirurgischen Abteilung über die innerbetriebliche Leistungsverrechnung zugeordnet werden. (Prüfungsthema 2012)

Aufgabe 9 (9 Punkte)
Die Finanzplanung im Rheinklinikum ist eng mit anderen Planungen verknüpft.

a) Erläutern Sie das das Ziel der Finanzplanung. (1 P)

b) Beschreiben Sie den Aufbau der Finanzplanung im Krankenhaus und ihre Verzahnung mit anderen Planungen. (4 P)

c) Erläutern Sie die Begriffe externes und internes Budget. (4 P)

Aufgabe 10 (8 Punkte)
Die Personalkosten des Labors der Rheinklinik GmbH belaufen sich auf 400 000 €.

Ein weiterer wesentlicher Kostenfaktor ergibt sich aus den Abschreibungen auf die teuren Laborgeräte (wir gehen in unserer Aufgabe davon aus, dass diese nicht mit Fördermitteln, sondern mit Eigenmitteln finanziert sind) mit einem Anschaffungswert von 4 000 000 €.

Diese werden bei einer Nutzungsdauer von 8 Jahren linear abgeschrieben.

Die sonstigen Aufwendungen belaufen sich auf 0,02 € pro Punkt. Das Labor erbringt im Jahr eine Leistung von 10 000 000 Punkten.

a) Ermitteln Sie die jährlichen Gesamtaufwendungen des Labors. (6 P)

b) Ermitteln Sie die Aufwendungen pro Leistungspunkt. (2 P)

Aufgabe 11 **(6 Punkte)**
Der Führungsstil hat einen erheblichen Einfluss auf den wirtschaftlichen Erfolg eines Unternehmens.
Bekanntlich wird zwischen verschiedenen Führungsstilen unterschieden (autoritärer, patriarchalischer, kooperativer, situativer, mehrdimensionaler Führungsstil und dem „Laissez-faire" Führungsstil. (Prüfungsthema 2015)
Erklären Sie zwei dieser Führungsstile. (je 3 P)

Aufgabe 12 **(12 Punkte)**
Im OP-Bereich der „Rheinklinik GmbH" gibt es wiederkehrende Konflikte zwischen Ärzten und dem Pflegepersonal. Eine Ursache scheint zu sein, dass sich OP-Pflegekräfte von einigen Ärzten nicht partnerschaftlich behandelt und unberechtigt kritisiert fühlen.
Außerdem wird immer wieder Mehrarbeit notwendig, da sich einige Ärzte nicht rechtzeitig zum OP-Beginn einfinden.
Um den Konflikt zu lösen, wird ein externer Psychologe als Moderator eingesetzt.

a) Welche Aufgaben hat der Moderator in diesem Fall? Nennen Sie drei. (6 P)

b) Zur konstruktiven Lösung der Konflikte kann der Moderator die drei Formen des Konfliktmanagements, die Mediation, das Harvard Konzept und die Jeder-gewinnt-Methode nutzen. Erläutern Sie diese Formen des Konfliktmanagements. (6 P)

Lösungen ab S. 212

3 | LÖSUNGEN

3.1 SENIORENZENTRUM „ARCHE NOAH"

3.1.1 Aufgabensatz I

3.1.1.1 Aufgabenstellung 1
(Planen, Steuern und Organisieren betrieblicher Prozesse – Gestalten von Schnittstellen und Projekten – Planen und Durchführen von Marketingmaßnahmen)

Aufgabe 1   **(6 Punkte)**

Die Marktwirtschaft ist ein am Markt orientiertes Wirtschaftssystem, das von „Angebot und Nachfrage" sowie Privateigentum, Wettbewerb und freier Preisbildung geprägt ist.

Wir unterscheiden freie und soziale Marktwirtschaft.

Die Planwirtschaft geht davon aus, dass der Staat – und nicht der Markt – besser beurteilen könne, welche Dinge von den Menschen benötigt werden. Die Planwirtschaft wurde nach dem Zweiten Weltkrieg in den sozialistischen Ländern Europas praktiziert und hat sich nicht bewährt.

Aufgabe 2   **(8 Punkte)**

Anmerkung: Bei dieser Aufgabe war nicht nach den §§ gefragt. Wir haben die nur für Sie zum Nachschlagen eingefügt.

Leistungen der Pflegeversicherung für Versicherte mit erheblich eingeschränkter Alltagskompetenz:

- Pflegesachleistungen (§ 36 SGB XI)
- Pflegegeld (§ 37 SGB XI)
- Kombinationsleistungen aus Pflegegeld und Pflegesachleistungen (§ 38 SGB XI)
- zusätzliche Leistungen für ambulante Wohngruppen (§ 38 SGB XI)
- häusliche Pflege (§ 39 SGB XI)
- Versorgung mit Pflegehilfsmitteln (§ 40 SGB XI)
- Maßnahmen zur Verbesserung des Wohnumfeldes (§ 40 SGB XI)
- Tages- und Nachtpflege (§ 41 SGB XI)
- Kurzeitpflege (§ 42 SGB XI)
- vollstationäre Pflege (§ 43 SGB XI)
- zusätzliche Betreuungsleistungen (§ 45 SGB XI)

Aufgabe 3   **(8 Punkte)**

Vorteile der Gemeinnützigkeit:

- Befreiung von der Körperschafts- und Gewerbesteuer (Es darf dann aber auch kein wirtschaftlicher Geschäftsbetrieb vorliegen!)
- Befreiung von der Grundsteuer, Erbschaft- und Schenkungssteuer
- Besteuerung eines Teils der Umsätze mit dem ermäßigten Steuersatz von 7 %
- Berechtigung zum Empfang von Spenden, die beim Spender steuerlich abziehbar sind
- Zahlungen für bestimmte nebenberufliche Tätigkeiten gelten bis zur Höhe von 2100 € im Jahr beim Empfänger als steuerfreie Aufwandsentschädigung

Nachteile der Gemeinnützigkeit:

- Eine Begrenzung der Anzahl der Mitglieder ist nicht möglich (jeder, der die Satzung anerkannt hat, muss als Mitglied aufgenommen werden)

- Die Höhe der Mitgliedsbeiträge, der Aufnahmegebühren und der Umlagen ist begrenzt
- Die Verwendung der eingenommenen Mittel muss zeitnah erfolgen
- Die Bildung von Rücklagen ist erschwert
- keine flexible Mittelverwendung möglich
- Gewinne und Verluste aus verschiedenen Bereichen können nicht verrechnet werden

Aufgabe 4 **(9 Punkte)**

Pflegebedürftige und ihre Angehörigen erhalten bei Bedarf im Pflegestützpunkt alle wichtigen Informationen und Hilfestellungen zur Auswahl und Inanspruchnahme bundes- und landesrechtlich geregelter Sozialleitungen, einschließlich deren Finanzierung. Dazu gehört auch die Koordinierung aller in Betracht kommenden präventiven, medizinischen, rehabilitierenden und pflegerischen Leistungen.

Pflegestützpunkte bieten darüber hinaus Unterstützung bei der Organisation der Pflege, der Vernetzung der Angebote und im Kontakt zu den Sozialleistungsträgern an.

Zu den vorrangigen Aufgaben eines Pflegestützpunkts gehören:

- Ermittlung des Hilfebedarfs (Bedürfnisse, Ressourcen)
- Erstellung eines Hilfeplans
- Sicherung des Zugangs zu den Hilfen
- Unterstützung bei der Suche nach externer Hilfe
- Organisation und Koordinierung der Hilfen
- Sicherung der Qualität der Hilfen
- Anpassung des Hilfeplans an veränderte Bedarfslagen

Aufgabe 5 (9 Punkte)

a) Fixierungsarten:

- Bettgitter
- Bauchgurt im Bett
- Bauchgurt am Stuhl, Sessel oder Rollstuhl
- Fixierung an Bauch und Füßen
- Fixierung von Armen und Beinen
- Fixierung der Extremitäten und des Körpers
- Einsperren im Zimmer

b) Notwehr ist grundsätzlich eine notwendige Maßnahme, um einen rechtswidrigen Angriff auf sich oder andere abzuwehren.

In der Pflege ist eine vorübergehende Fixierung zulässig, wenn eine akute Eigen- und Fremdgefährdung vorliegt (beispielsweise wenn Demenzkranke aggressiv gegen sich oder Dritte vorgehen).

Eine Fixierung aus Notwehr ist in der Pflegedokumentation zu erfassen. Ferner sind die Angehörigen und Betreuer zu informieren. Bei Bedarf ist das Amtsgericht einzuschalten.

Ein Notstand in der Pflege ist eine Krisensituation, in der eine wesentliche Gefahr für Leib und Leben, Gesundheit und Eigentum vorhanden ist.

Ein gerechtfertigter Notstand in der Pflege liegt vor, wenn mit der Fixierung eines Betreuten eine besondere Gefährdung nicht anders abzuwenden ist.

Dabei ist von den Pflegekräften abzuwägen, ob der Schutz der o. a. Rechtsgüter wichtiger ist, als die Verletzung der Grundrechte des Betreuten.

Da die Grenze zwischen notwendigen Sicherheitsmaßnahmen und illegaler Freiheitsberaubung oft strittig ist, sind unmittelbar nach der Fixierung Angehörige und Betreuer zu informieren.

Aufgabe 6 **(10 Punkte)**
a) Partner:

Ärzte, Apotheker, Physiotherapeuten, Ergotherapeuten, Psychotherapeuten, Angehörige der Bewohner, Sozialarbeiter, Palliative Einrichtungen, Musikgeragogen, ehrenamtliche Mitarbeiter

b) Musikgeragogik ist musikalische Bildung und Unterhaltung im Alter.

Diese Form der Betreuung in Alteneinrichtung gewinnt zunehmend an Bedeutung.

Wichtig dabei ist die Beachtung der individuellen Voraussetzungen der Betreuten, ihre Vorlieben und Lebenserfahrungen.

c) Aufgaben für Ehrenamtliche:

- individuelle Beschäftigung, wie Singen und Vorlesen, Basteln und Spiele
- Spaziergänge
- gemeinsames Kochen und Backen
- Gedächtnistraining
- Organisation einer Seniorengymnastik
- Begleitung zu Veranstaltungen, wie Theater oder Gottesdienste

Aufgabe 7 **(7 Punkte)**
- anordnende Instanz
- Kunde/Auftraggeber

3 Lösungen

- Ziele
- Projektrahmen
- Limitierungen
- Kosten/Budgets
- Ressourcen
- Phasen und Zeitpläne
- Strategie
- Risiken
- getroffene Annahmen
- Aufgaben
- Zuständigkeiten

Aufgabe 8   **(9 Punkte)**

a) Ein kompletter Projektablauf wird visualisiert, indem man alle Tätigkeiten in graphischen Symbolen (Kreis oder Rechteck) sowie ihre Verbindung untereinander darstellt. Für jede Tätigkeit muss mindestens angegeben sein:

- laufende Nummer der Tätigkeit, normalerweise vergeben nach zeitlicher Folge der Starttermine, zur eindeutigen Identifikation,
- frühester Starttermin, der sich aus Vorgängertätigkeiten oder auch der Verfügbarkeit von Ressourcen ergibt;
- spätester Starttermin, der sich aus Zeitbedarf für die Tätigkeit und dem Starttermin für nachfolgende Tätigkeiten ergibt;
- Zeitdauer der Tätigkeit.

b) Bei gleichzeitigen Tätigkeiten ergibt sich für die kürzere Tätigkeit ein Zeitpuffer. Die Abfolge der Tätigkeiten ohne Zeitpuffer ergibt den kritischen Pfad: jede Verschiebung verursacht auch eine Verschiebung des Endtermins.

Aufgabe 9   **(14 Punkte)**

a)
- Lieferanten: zuverlässige Beschaffung; günstige Konditionen
- Mitarbeiter: Identifikation mit dem Unternehmen; Betriebstreue; positive Kommunikation nach außen
- Anteilseigner: Erfüllung von Informationspflichten; Erhalt der Kapitaleinlagen
- Ämter, Behörden: positives Umfeld für Genehmigungsverfahren etc.

b)
- Patienten: Kunden im Sinne der Generierung von Umsatz
- Angehörige von Patienten: Multiplikatoren für Image
- Mitarbeiter: Identifikation wichtig für Motivation
- Kooperationspartner: von Bedeutung für Absicherung der Marktposition
- Einweiser: Entscheider für die Wahl der Einrichtung
- Versicherungen: meist die eigentlichen „Geschäftspartner" im Sinne von Rechnungsempfänger.

Aufgabe 10   **(10 Punkte)**

Eine besondere Rolle spielt die Frage, wie die Zielgruppe „Schüler" aufgrund ihres Medienverhaltens zu erreichen ist. Da sie besonders stark Internet und andere moderne Kommunikationsmittel nutzen, könnte man sie hier auch gut erreichen. Als Zeitungsleser sind eher die Eltern zu erreichen. Sie beeinflussen die Entscheidung maßgeblich.

Mögliche kommunikationspolitische Instrumente könnten sein:

* Informationen in Kooperation mit den Schulen entweder durch Präsentation in der Schule selbst und/oder durch Einladung zu Betriebsbesichtigungen;
* Auslage von Informationsmaterial;
* gezielte Streuung von Informationen in den sozialen Netzwerken;
* zielgruppengerechter informativer und aktueller online-Auftritt;
* Presseartikel in den regionalen Medien über die Ausbildungschancen.

Aufgabe 11   **(10 Punkte)**

a) Unter anderem können genannt werden:

* anlassbezogene Hilfsmaßnahmen, z. B. für Katastrophenopfer;
* saisonal initiierte Aktionen, z. B. Spendenaktionen zu Weihnachten;
* gezielte Kampagnen zur Früherkennung bestimmter Krankheiten;
* Aktionen zur Vorbeugung gegen bestimmte Krankheiten;
* Aktionen zur allgemeinen Gesundheitsvorsorge und Risikominimierung;
* kontinuierliche Unterstützung bestimmter benachteiligter Zielgruppen.

b) Erhöhung des eigenen Bekanntheitsgrades; positive Auswirkung auf das Image; Festigung der Zusammenarbeit mit anderen Trägern, Organisationen; Gewinnen von Informationen, Kontaktadressen, Erfahrungen.

c) Spenden sind freiwillige Zuwendungen für gemeinnützige Einrichtungen in Form von Geld- oder Sachleistungen. Spenden haben einen ideellen Charakter, bedürfen keiner vertraglichen Regelung und sind ohne Gegenleistung.

Sponsoring ist die Unterstützung von Personen, Organisationen und Veranstaltungen in Form von Geld-, Sach- und Dienstleistungen aus kommerziellen Gründen.

Sponsoring hat einen „wirtschaftlichen" Wert für den Sponsor, ist vertraglich zu regeln und mit einer Gegenleistung verbunden.

3 Lösungen

3.1.1.2 Aufgabenstellung 2
(Steuern von Qualitätsmanagementprozessen – Steuern und Überwachen betriebswirtschaftlicher Prozesse und Ressourcen – Führen und Entwickeln von Personal)

Aufgabe 1 (14 Punkte)

a) ISO 9001:

Der ISO 9001 zeigt die Mindestanforderungen an ein Qualitätsmanagement, so auch in Krankenhäuser und Pflegeeinrichtungen.

b) Grundsätze des Qualitätsmanagement:

- Bewohnerorientierung, Kundenorientierung
- Leitungsverantwortung, Qualitätsmanagement als Unternehmensziel festlegen
- Beteiligung der Mitarbeiter, Information und Einbeziehung
- sachbezogene Entscheidungen
- Prozessoptimierung, prozessorientierte Ablauforganisation
- ständige Verbesserung der Qualität
- externe und interne Information über Ziele und Maßnahmen des Qualitätsmanagements

Aufgabe 2 (6 Punkte)

Das Brainstorming ist hierfür grundsätzlich gut geeignet; bei richtiger Anwendung können alle Teilnehmer Ihrer Kreativität freien Lauf lassen. Bei einer begrenzten Zahl von Teilnehmern (maximal 6) und Zeitknappheit, kann jedoch Brainwriting effektiver sein. Hier schreibt jeder der Beteiligten auf einen Zettel 3 Vorschläge auf, die dann jeweils an den nächsten weitergegeben werden, der wiederum

5 Minuten Zeit hat, diese Liste zu ergänzen. Wegen dieser Form von 6 Teilnehmern mit 3 Vorschlägen in 5 Minuten, wird diese Methode auch 6 – 3 – 5 – Methode genannt.

Aufgabe 3 (8 Punkte)

Das Erst-Parteien-Audit ist eine vom Unternehmen selbst oder in seinem Namen von einem dafür engagierten Experten durchgeführte Untersuchung, die vor allem dazu dient, die Voraussetzungen für ein Drittparteien Audit mit dem Ziel der Zertifizierung zu prüfen bzw. zu schaffen.

Zweitparteien-Audit ist dagegen eine aufgrund vertraglicher Vereinbarung mit einem Kunden zugelassene Prüfung des internen Qualitätsmanagements durch diesen Kunden.

Aufgabe 4 (6 Punkte)

Risikoidentifikation bedeutet das Erfassen von möglicherweise eintretenden Ereignissen.

Hier ist ein breites Spektrum von sowohl internen als auch externen Risiken als Antwort richtig, von der Personalsituation (Mitarbeiterin in Schwangerschaft Urlaub – Vertretung in Erholungsurlaub – Vertretung der Vertretung krank gedanklich Vertretung der Vertreter der Vertretung erleidet Unfall) über Unfallszenarien bis hin zum Wegfall eines wichtigen Finanziers.

Die Risikoanalyse untersucht Art, Ursache und Wahrscheinlichkeit des identifizierten Risikos.

Die Risikobewertung quantifiziert das möglicherweise zu erwartende Ausmaß des Schadens.

Aufgabe 5 (8 Punkte)

a) Pflegebuchführungsverordnung (PBV)

b) Staatliche und freigemeinnützige Alteneinrichtungen erhalten auf Antrag Zuschüsse des Staates zur Finanzierung von Investitionen (Bau, Umbau, Ausstattung).

Diese Zuschüsse sind in der Bilanz der Alteneinrichtung in Höhe der gezahlten und verwendeten Fördermittel als eine „fiktive" Verbindlichkeit gegenüber dem Staat als Sonderposten auszuweisen.

Danach mindern sich die Sonderposten in Höhe der jährlichen Abschreibungen auf die mit Fördermitteln finanzierten Anlagegüter. Die Sonderposten in der Bilanz zeigen an, in welcher Größenordnung Fördermittel noch im Anlagevermögen gebunden sind.

c) Körperliche Inventur:

Körperliches Vermögen der Alteneinrichtung – wie die Vorräte an Pflegematerial im Lager – werden durch Zählen aufgenommen.

Buchinventur:

Nicht körperliches Vermögen und Schulden, wie Banksalden, Forderungen und Verbindlichkeiten, werden „buchmäßig" (z. B. durch Kontoauszüge) zum Bilanzstichtag nachgewiesen.

Aufgabe 6   **(9 Punkte)**
Information vor Vertragsabschluss:

Der Betreiber muss dem Bewohner vor Vertragsabschluss schriftlich über den künftigen Vertragsinhalt informieren. Diese schriftliche Information muss leicht verständlich sein und ist dem künftigen Bewohner zu überlassen.

Damit soll gesichert werden, dass der Bewohner den Vertrag prüfen, Angebote vergleichen und sich bewusst entscheiden kann.

Vertragsregelungen:

• Größe und Ausstattung der Zimmer
• Zulässigkeit eigener Möbel
• Betreuungs- und Pflegeleistungen

- Freizeitbeschäftigungen
- Heimarzt
- Mahlzeiten
- kostenlose Getränke
- Entgelte für Wohnraum, Pflege und Betreuung

Aufgabe 7   (8 Punkte)
Angebote der Pflegestützpunkte:
- Information über Leistungsangebote für Pflegebedürftige
- Erstellung eines Hilfeplans
- Koordinierung der Leistungen
- individuelle Begleitung
- Angebote kommunaler ehrenamtlicher Unterstützung
- Angebote ambulanter Pflege
- Suche nach einer geeigneten stationären Pflegeeinrichtung
- Beratung zur Finanzierung der Leistungen
- Zuschüsse bei altersgerechten Umbau der Wohnungen

Aufgabe 8   (8 Punkte)
Die „Balanced Scorecard" ist ein Kennzahlensystem (Scorecard), das neben den Unternehmensinteressen (finanzielles Ergebnis) auch die Kundeninteressen, die Mitarbeiterzufriedenheit und einen organisierten Arbeitsablauf ausgewogen (balanced) berücksichtigt.

Dabei werden für alle vier Bereiche klare Ziele definiert, deren Einhaltung kontrolliert und bei Bedarf notwendige Änderungen eingeleitet.

Der Begriff „Benchmarking" soll aus dem Tischlerhandwerk hervorgegangen sein. Ein Tischler hätte eine Markierung (mark) an seiner Werkbank (bench) angebracht, um alle Beine der Stühle gleichlang anfertigen zu können.

In Alteneinrichtungen versteht man unter diesem Begriff den Vergleich von Leistungs- und Kostenkennziffern mit anderen Einrichtungen, wie z. B. Größe und Ausstattung der Einrichtungen, Größe der Zimmer, prozentualer Anteil der Einbettzimmer, kulturelle Angebote, Anteil examinierter Pfleger, Höhe der Entgelte der Einrichtungen und Pfleger.

Aufgabe 9   **(9 Punkte)**

a) Kündigungsfrist innerhalb der Probezeit:

Während der Dauer der vereinbarten Probezeit gilt eine Kündigungsfrist von zwei Wochen in den ersten sechs Monaten. Bei privatvertraglichen Vereinbarungen sind auch längere Kündigungsfristen möglich.

b) Mitarbeitergespräche in der Probezeit:

- erstes kurzes Orientierungsgespräch nach spätestens 4 Wochen
- zweites Gespräch nach der Hälfte der Probezeit
- Abschlussgespräch drei Wochen vor Ablauf der Probezeit

Aufgabe 10   **(8 Punkte)**

a) Gesellschaftspolitische Gründe:

- Demokratie bedeutet Mitsprache
- Menschenwürde achten
- den sozialen Frieden fördern
- eine Kontrolle durch die Betroffenen ist möglich

b) Wichtigste Aufgabe dieser Gesetze ist der Schutz der Mitarbeiter. Deshalb sind geregelt:

- das Recht auf Anhörung und Beschwerde

- das Recht auf Einsicht in die eigenen Personalunterlagen
- das Recht auf Wahl eines Personalrats oder einer Mitarbeitervertretung
- Personalrat und Mitarbeitervertretung haben ein Mitwirkungsrecht bei sozialen, personellen und wirtschaftlichen Angelegenheiten. Einige Entscheidungen erfordern die Zustimmung der Personalvertretungen, in anderen Fällen ist eine Information oder eine Anhörung der Personalräte und Mitarbeitervertretungen vorgeschrieben.

Aufgabe 11   **(8 Punkte)**
Mögliche Themen:

- Arbeitsklima
- Vertrauen in die Leitung
- Identifikation mit der Einrichtung
- Arbeitssituation
- Weiterbildungsmöglichkeiten
- Fortbildungsmöglichkeiten
- Arbeitsinhalte
- Arbeitsabläufe
- Belastung
- Zufriedenheit mit der Bezahlung
- Größe und Ausstattung der Räume für die Mitarbeiter

Aufgabe 12   **(8 Punkte)**
  a) Mögliche Ursachen der Fluktuation:

- zu geringe Personalausstattung
- schlechte Vergütung

- schlechte Arbeitatmosphäre
- Gruppenkonflikte
- mangelhafte räumliche Arbeitsbedingungen
- fehlende Arbeitsmittel
- fehlende Motivation der Leitung und der Mitarbeiter
- Arbeitsweg
- Angebote anderer Einrichtungen

b) Die qualitative Fluktuationsanalyse stellt qualitative Ursache-Kriterien zusammen, wie z. B.:

- das Verhalten der Vorgesetzten
- das Verhalten der Kollegen
- Team
- Arbeitbedingungen
- Aufstiegsmöglichkeiten
- Fort- und Weiterbildung

Die quantitative Fluktuationsanalyse konzentriert sich auf statistische Daten und Zusammenhänge, wie z. B.:

- Kündigungsgrund
- Dauer Betriebszugehörigkeit
- Alter Mitarbeiter/-in
- Qualifikation Mitarbeiter/-in

3.1.2 Aufgabensatz II

3.1.2.1 Aufgabenstellung 1
(Planen, Steuern und Organisieren betrieblicher Prozesse – Gestalten von Schnittstellen und Projekten – Planen und Durchführen von Marketingmaßnahmen)

Aufgabe 1   **(6 Punkte)**

a) Das Ziel der sozialen Marktwirtschaft ist Wohlstand der Gesellschaft mit einer sozialen Absicherung der Menschen. Der Staat sichert den sozialen Charakter der Marktwirtschaft, indem er ein System sozialer Sicherungen (Sozialversicherungen) installiert, einen möglichst fairen Wettbewerb gewährleistet, Monopole und Kartelle verhindert sowie notwendige konjunktur- und arbeitsmarktpolitische Maßnahmen veranlasst.

b) Recht zur freien Entfaltung der Persönlichkeit (Artikel 2 GG)

Recht zur Gründung von Vereinen und Gesellschaften (Gewerkschaften, Arbeitgeberverbände) (Artikel 9 GG)

Freiheit der Berufswahl (Artikel 12 GG)

Recht auf Eigentum (Artikel 14 GG)

Aufgabe 2   **(10 Punkte)**

a) Primärprävention:

Krankheitsverhütung durch Maßnahmen der Gesundheitsförderung.

Sekundärprävention:

Krankheitsfrüherkennung, z. B. durch Vorsorgeuntersuchungen.

Tertiärprävention:

Vermeidung einer Krankheitsverschlechterung, z. B. durch Nachsorgeuntersuchungen.

b) Beispiele für gesundheitsbewusstes Verhalten:

- gesunde Ernährung
- ausreichende Bewegung
- Vermeidung von Stress
- Teilnahme an Impfungen
- Vorsorgeuntersuchungen

c) Wie können die Betroffenen zu gesundheitlich positivem Verhalten bewegt werden?

- Information, Aufklärung
- Beitragsrückerstattung, Bonushefte
- Erweiterung von Erstattungsansprüchen
- Finanzierung von zusätzlichen Leistungen

Aufgabe 3   **(8 Punkte)**

a) Die gesetzliche Pflegeversicherung ist eine Pflichtversicherung. Die gesetzlichen Pflegeversicherungen sind bei allen gesetzlichen Krankenkassen eingerichtet und versichern die bei ihnen (kranken-) pflichtversicherten Personen zusätzlich gegen Pflegebedürftigkeit.

Bei Eintritt der Pflegebedürftigkeit erhalten die Versicherten Geld- und Sachleistungen, um die notwendige Pflegeleistungen zu finanzieren. Die Versicherungsleistungen sind nicht (in jedem Fall) kostendeckend.

Auch privat krankenversicherte Personen müssen eine Pflegeversicherung abschließen.

b) Aufgaben der Pflegekassen:

- Zahlung von Sach- und Geldleistungen im Versicherungsfall
- Präventionsmaßnahmen, um den Eintritt des Versicherungsfalls zu vermeiden
- Information der versicherten Personen
- Schulungen für Pflegepersonen (insbesondere bei häuslicher Pflege)
- Kontrolle der Wirtschaftlichkeit der Versicherungsleistungen
- Verwalten der Versicherungsbeiträge

Aufgabe 4   **(8 Punkte)**

a) Aufgaben der zusätzliche Betreuungskräfte:

- Betreuung und Aktivierung der betroffenen Pflegebedürftigen
- Motivierung der Pflegebedürftigen zu Alltagsaktivitäten, wie Spiele, Spaziergänge, Lesen, Vorlesen, Besuch von kulturellen Veranstaltungen
- Partner für Gespräche über Alltägliches
- Prävention einer drohenden oder bereits eingetretenen sozialen Isolation
- Einbindung in grund- und behandlungspflegerische sowie hauswirtschaftliche Tätigkeiten darf nicht regelmäßig erfolgen

b) Finanzierung der zusätzlichen Betreuungskräfte

Die zusätzlichen Betreuungskräfte werden auf Antrag gesondert von den Pflegekassen durch leistungsgerechte Zuschläge finanziert.

Die Vergütungszuschläge werden auf der Grundlage vereinbart, dass in der Regel für jeden Heimbewohner mit erheblichem allgemeinem Bedarf an Beaufsichtigung und Betreuung der vierundzwanzigste Teil der Personalaufwendungen zusätzlich bezahlt wird.

Die Aufwendungen für dieses Personal dürfen weder bei der Bemessung der Pflegesätze noch bei den Zusatzleistungen nach § 88 SGB XI berücksichtigt werden.

Aufgabe 5   **(8 Punkte)**
Phasen des individuellen Casemanagements:

Beratung: Aufnahme, Erkennen von Fähigkeiten und Problemen der Bewohnerin/des Bewohners

Planung: Pflege- und Beschäftigungsplanung

Intervention: Pflegedurchführung, Beschäftigung, Leistungssteuerung

Monitoring: Kontrolle und Optimierung der Maßnahmen

Evaluation: Pflegedokumentation, Ergebnisbewertung

Aufgabe 6   **(6 Punkte)**
Grundanforderungen an ein funktionierendes Informationsmanagement in einer Pflegeeinrichtung:

Verfügbarkeit der Informationen = jeder Mitarbeiter hat bei Bedarf Zugang zu den für die Erledigung seiner Aufgaben notwendigen Daten im Rahmen seiner Berechtigungen.

Datenintegrität = Übereinstimmung der gespeicherten Daten mit den tatsächlichen Werten (bei Dokumenten: Authentizität)

Vertraulichkeit = Zugriff abgestuft für Lesen – Schreiben – Verändern – Anlegen – Löschen; Datenschutz für personenbezogene Daten

Aufgabe 7   **(8 Punkte)**

1. Anforderungen an die Mitglieder einer Projektgruppe:

- Fachkompetenz
- Berufserfahrung
- Teamfähigkeit
- Konfliktfähigkeit
- Disziplin
- Krisenfähigkeit
- Kommunikationsfähigkeit

2. Vorteile „reine" Projektorganisation:

- Konzentration auf das Projekt
- rasche Umsetzung des Projektes
- weniger Konflikte

Nachteile „reine" Projektorganisation:

- Arbeitsausfall im bisherigen Tätigkeitsbereich
- Überlastung der Mitarbeiter im bisherigen Tätigkeitsbereich
- Probleme bei der Re-Integration
- Widerstände und Akzeptanzprobleme
- schwindendes Bewusstsein der Projektmitglieder für die „Routine-Arbeit"

Aufgabe 8   **(12 Punkte)**

1. Konzeptionsphase: Definition des Projekts; Abgrenzungen; Verantwortlichkeiten

2. Projektplanung: Struktur und Ablauf, Termine, Ressourcen und Kosten, Festlegung von Zwischenzielen („Meilen-Steinen").

3. Plandurchführung (Umsetzung, Realisierung): schrittweise Verwirklichung des Plans bei ständiger Kontrolle des Fortschritts durch Soll-/Ist-Vergleiche.

4. Abschluss: Kontrolle der Zielerreichung, Sicherung der Erfahrungen, Erstellen eines Abschlussberichts.

Aufgabe 9   **(10 Punkte)**

a) Direkte Folgen können bestehen in einer verringerten Anzahl von neuen Verträgen, evtl. sogar der Kündigung bestehender Verträge, der Nichtinanspruchnahme angebotener zusätzlicher Leistungen.

Indirekte Folgen könnten unter anderem sein: subjektive schlechtere Bewertung des Aufenthalts, Negativpropaganda der Bewohner, Probleme mit Angehörigen, weniger Bewerbungen bei der externen Besetzung von offenen Stellen.

b) Als Zielgruppen sind zu berücksichtigen die potentiellen Bewohner (Bevölkerung), die Sozialeinrichtungen, die Angehörigen älterer Menschen, die Multiplikatoren in der Region (Medien). Mögliche Maßnahmen sind u. a.

- die Information der eigenen Mitarbeiter, damit sie in der Lage sind, ihre Einrichtung nach außen hin positiv darzustellen;

- Befragung der Kunden nach ihren Bewertungen, um die konkreten Schwachstellen aufzufinden;

- Information sowohl bei Veranstaltungen als auch bei Medien über die Stärken, also das Leistungsniveau der Einrichtung.

Aufgabe 10   **(12 Punkte)**
a) GAP-Qualitätslücken:

- Lücke zwischen der Kundenerwartung und der Wahrnehmung durch das Management
- Lücke zwischen der Wahrnehmung der Kundenerwartung durch das Management und deren Umsetzung in Dienstleistungsqualität
- Lücke zwischen geplanter Dienstleistungsqualität und erbrachter Leistung
- Lücke zwischen erbrachter Leistung und der an den Kunden kommunizierten Leistung
- Lücke zwischen erwarteter und wahrgenommener Dienstleistungsqualität durch den Kunden

Je größer die GAP-Lücken sind, desto unzufriedener sind die Kunden und umso problematischer ist eine Bindung an Produkt und Unternehmen. Daraus erfolgt die Verpflichtung des Unternehmens, die Qualität der Dienstleistung regelmäßig zu überprüfen.

b) Maßnahmen zum GAP-Lückenschluss:

- Kundenbefragungen
- Analyse und Aufbereitung der Ergebnisse der Kundenbefragungen
- Mitarbeitergespräche über die Ergebnisse der Kundenbefragungen
- Formulierung von Qualitätsstrategien

- Festlegung von konkreten Maßnahmen
- Evaluation der Ziele und Maßnahmen

Aufgabe 11 **(12 Punkte)**

a) Da es zur Definition der Spende gehört, dass sie uneigennützig, also ohne materielle Gegenleistung erfolgt, handelt es sich in diesem Fall um keine Zuwendung, die als Spende bescheinigt werden kann, da das Logo zur üblicherweise mit Kosten verbundenen Verkehrsmittelwerbung verwendet wird.

b) Die Abgabenordnung schreibt eine „zeitnahe" Mittelverwendung vor; das bedeutet, dass die Mittel spätestens im dem Zeitpunkt der Spende folgenden Kalenderjahr aufgebraucht werden müssen.

c) Wenn der Erblasser keine weitere Bedingung an sein Vermächtnis geknüpft hat, ist die Zuführung zum Vermögen zulässig.

3.1.2.2 Aufgabenstellung 2
(Steuern von Qualitätsmanagementprozessen – Steuern und Überwachen betriebswirtschaftlicher Prozesse und Ressourcen – Führen und Entwickeln von Personal)

Aufgabe 1   **(9 Punkte)**

Vorsorgeprinzip: Einsatz von Maßnahmen zur Vorbeugung gegen das Auftreten von Umweltschäden.

Gemeinlastprinzip: Wenn das Verursacherprinzip nicht greift (Verursacher nicht feststellbar; nicht mehr rechtlich existent), muss die Allgemeinheit die Kosten der Beseitigung von Umweltschäden tragen.

Kooperationsprinzip: Mitwirkung aller Betroffenen (öffentliche Hand, Unternehmen, Einwohner) bei Entscheidungen und Maßnahmen zum Schutz der Umwelt.

Aufgabe 2   **(8 Punkte)**

Inhaltliche Schwerpunkte des Qualitätsberichtes des Seniorenzentrums:

- Vorstellung der Einrichtung
- Darstellung der Leistungen und Preise
- Qualitätspolitik und Qualitätsziele des Vereins
- Organigramm (Qualitätsmanagementstruktur)
- Vorstellung des Qualitätsbeauftragten
- Darstellung der Informations- und Kommunikationswege
- Darstellung der Daten der externen Qualitätssicherung
- Darstellung der Maßnahmen des internen Qualitätsmanagement
- Darstellung der Qualifizierungsmaßnahmen

- Darstellung des internen Auditprogramms
- Darstellung der Auditergebnisse
- Darstellung von Rückmeldungen der Kunden (Beschwerdemanagement)

Aufgabe 3   **(8 Punkte)**

a) Kooperation für Transparenz und Qualität im Gesundheitswesen

b) Das KTQ-Verfahren beruht auf zwei Bewertungsverfahren zu den (einrichtungsinternen) Kategorien

- Patientenorientierung,
- Mitarbeiterorientierung,
- Sicherheit,
- Kommunikations- und Informationswesen,
- Führung
- Qualitätsmanagement

nach dem PDCA-Zyklus (Plan-Do-Check-Act).

Aufgabe 4   **(9 Punkte)**

Vorgehensweise bei der Erarbeitung eines Konzepts zur betrieblichen Gesundheitsförderung:

1. Analyse der Ausgangsposition

2. Darstellung des Ziels: Erhalt des körperlichen Wohlbefindens, Verbesserung des eigenen Gesundheitszustands, Unterstützung bei Stress, Burnout und Mobbing.

3. Erarbeitung von Maßnahmen zur betrieblichen Gesundheitsförderung unter Einbeziehung der Mitarbeiter: Qualitätszirkel, Arbeitsgruppen, Mitarbeiterbefragungen

4. Festlegung und Durchsetzung der Maßnahmen: betriebliches Fitnesscenter, Überprüfung von Arbeitsabläufen, Fort- und Weiterbildungen zum Thema Gesundheit, Schulungen

5. Evaluation: Ergebnisüberprüfung und Überarbeitung der Maßnahmen in regelmäßigen Abständen

Aufgabe 5   **(9 Punkte)**

a) Vorteile einer Profitcenterorganisation

- Erhöhung der Transparenz der Leistungsbereiche
- Genauere Darstellung der Einnahmen und Ausgaben
- Steigerung des Verantwortungsbewusstseins
- Erhöhung der Motivation der Mitarbeiter
- Vermeidung der „Quersubventionierung" der Leistungsbereiche

b) Nachteile einer Profitcenterorganisation

- Erhöhung des Verwaltungsaufwandes
- Probleme bei der korrekten Zuordnung von Kosten (Umlagen)
- Probleme bei der verursachergerechten Gestaltung der „Kostenumlagefaktoren" zentraler Leistungsbereiche
- keine oder kaum Alternativen zur Inanspruchnahme von Leistungen
- keine Konkurrenz, da „unfreier" Markt

c) Umlage der Kosten zentraler Leistungsbereiche

- Verwaltungsabteilung (Aufteilung der Kosten nach Anzahl der Mitarbeiter der Bereiche)

- Abteilung Qualitätsmanagement (Aufteilung der Kosten nach Anzahl der Mitarbeiter der Bereiche)
- EDV-Abteilung (Aufteilung der Kosten nach EDV-Arbeitsplätzen der Bereiche)
- Abteilung Facility (Aufteilung der Kosten nach Quadratmetern der Bereiche)
- Abteilung Arbeitssicherheit (Aufteilung der Kosten nach Anzahl der Mitarbeiter der Bereiche)

Aufgabe 6   **(8 Punkte)**

Der Bewohner kann fristgerecht monatlich bis zum dritten Werktag zum Ende des laufenden Monats kündigen. Ferner hat der Bewohner ein fristloses Kündigungsrecht, wenn ein wichtiger Grund vorliegt. Ein solcher Grund ist auch anzunehmen bei einer Erhöhung der Entgelte, bei baulichen Mängeln oder Personalverfehlungen.

Die Kündigung durch den Betreiber kann nur erfolgen, wenn wichtige Gründe vorliegen.

Als wichtige Gründe gelten die Schließung der Einrichtung und Zahlungsverzug des Betreuten. Im Ausnahmefall kann auch gekündigt werden, wenn die fachliche Pflege und Betreuung nicht gewährleistet ist.

Aufgabe 7   **(7 Punkte)**

- wirtschaftliche und finanzielle Lage
- Belegung
- Daten der beschäftigten Personen
- Daten der betreuten Personen
- Erwerb, Lagerung von Verbrauch von Medikamenten
- Pflegeplanungen für die Bewohnerinnen und Bewohner
- Maßnahmen der Qualitätssicherung

- freiheitsbeschränkende Maßnahmen
- verwaltete Gelder und Wertsachen

Aufgabe 8   **(9 Punkte)**

a) Derzeit sind drei Pflegestufen festgelegt:

- Pflegestufe I (Erhebliche Pflegebedürftigkeit)
  Wöchentlicher Zeitaufwand im Tagesdurchschnitt mindestens 90 Minuten, davon mehr als 45 Minuten für die Grundpflege.

- Pflegestufe II (Schwerpflegebedürftigkeit)
  Wöchentlicher Zeitaufwand im Tagesdurchschnitt mindestens drei Stunden, davon mindestens zwei Stunden für die Grundpflege.

- Pflegestufe III (Schwerstpflegebedürftigkeit)
  Wöchentlicher Zeitaufwand im Tagesdurchschnitt mindestens fünf Stunden, davon mindestens vier Stunden für die Grundpflege.

Seit 2014 wird ein neues System mit fünf Pflegegraden erprobt. Dieses System soll ab 2017 verbindlich eingeführt werden. Damit soll der Pflegebedürftigkeitsbegriff neu formuliert werden und der Grad der Selbständigkeit entscheidender Maßstab der Einstufung werden.

b) Zusammensetzung Heimentgelt Pflegesatz (unterschiedlich je Pflegestufe):

- Aufwendungen für das Pflegepersonal
- Aufwendungen für den Sozialdienst
- Aufwendungen für die Pflegehilfsmittel (soweit nicht verordnungsfähig)

- 50 % der allgemeinen Betriebskosten (Unterkunft und Verpflegung ohne Lebensmittel)

Unterkunft und Verpflegung:

- 50 % der allgemeinen Betriebskosten (Unterkunft und Verpflegung ohne Lebensmittel)
- Aufwendungen Lebensmittel
- Aufwendungen Wäscheversorgung
- Aufwendungen für die Hausreinigung
- Aufwendungen Energiekosten (Wasser, Heizung, Strom)
- Aufwendungen Müllentsorgung
- Aufwendungen Haustechnik
- Aufwendungen Verwaltung und Wirtschaftsbedarf

Investitionskosten: Aufwendungen für Investitionen, die mit Eigenmitteln finanziert wurden. Die Abschreibungen auf Anlagen, die vom Staat mit Fördermitteln finanziert wurden, sind nicht zu berücksichtigen, da sie ergebnisneutral gebucht werden.

Aufgabe 9   **(8 Punkte)**

a) Ziele des Personalmarketings:

- Gewinnung von qualifizierten und motivierten Mitarbeiten
- attraktive und authentische Darstellung des Unternehmens
- Altenpflege ist ein Berufsbild mit Zukunft
- sicherere Arbeitsplätze
- Motivierung interner Mitarbeiter zur Fort- und Weiterbildung

b) Maßnahmen des Personalmarketings:
- Definition der Zielgruppen
- Festlegung des Einzugsgebiets
- Analyse der von den Zielgruppen bevorzugt genutzten Medien
- Nutzung dieser Medien
- Positionierung als Arbeitgeber
- Kontakt zu Schulen und Bildungseinrichtungen
- Positive Darstellung des Unternehmens im Internet
- Öffentlichkeitsarbeit

Aufgabe 10   **(8 Punkte)**

30 Heimbewohner	Pflegestufe 1	30 ∶ 4	7,5 VK
30 Heimbewohner	Pflegestufe 2	30 ∶ 2,5	12,0 VK
30 Heimbewohner	Pflegestufe 3	30 ∶ 1,8	16,7 VK
			36,2 VK

Aufgabe 11   **(9 Punkte)**

Pflegestufe 1	0,75 Std. × 30 Bewohner	22,5 Stunden
Pflegestufe 2	2,0 Std. × 30 Bewohner	60 Stunden
Pflegestufe 3	4,0 Std. × 30 Bewohner	120 Stunden
		202,5 Stunden/Tag

Wochenstunden	202,5 Std. × 7 Tage	1 418 Std./Woche
Vollkräfte	1418 Std ∶ 40 Wochenstd	35,44 VK

Der ermittelte Pflegebedarf in VK liegt niedriger als auf Grundlage der in NRW üblichen Kalkulation.

Aufgabe 12 (8 Punkte)

a) Teamarbeit: Das gute Zusammenwirken in Arbeitsgruppen ist wesentliche Grundlage erfolgreichen Arbeitens. Dabei werden jedem einzelnen Teammitglied konkrete Funktionen und Aufgaben zugewiesen.

Supervision/Coaching: Supervision und Coaching sind personenbezogene Einzel- oder Gruppenberatungen. Der Ablauf dabei ist gleich, die Unterschiede liegen im Ziel der Maßnahmen. Ziel der Supervision ist der verbesserte Umgang mit dem bestehenden und den alltäglichen Problemen. Ziel der Coachings ist die persönliche Entwicklung des Einzelnen und/oder der Gruppe und somit eine Vorbereitung auf die Lösung künftiger Aufgaben.

b) Voraussetzungen einer(s) erfolgreichen Supervision/Coachings:

- antiautoritäre Lösungsfindung (interaktive Beratung)
- Freiwilligkeit der Beratung
- vertrauensvolle Atmosphäre
- gegenseitiger Respekt
- fachliche Kenntnisse im Beratungsfeld

3.1.3 Aufgabensatz III

3.1.3.1 Aufgabenstellung 1
(Planen, Steuern und Organisieren betrieblicher Prozesse – Gestalten von Schnittstellen und Projekten – Planen und Durchführen von Marketingmaßnahmen)

Aufgabe 1 **(13 Punkte)**

a) Der Moderator lenkt die Teilnehmer, um eine Lösung zu finden, ist jedoch nicht selbst für die Lösung verantwortlich. Der Moderator hat die Aufgabe, dafür zu sorgen, dass die Regeln der Kreativitätstechniken eingehalten werden, zum Beispiel keine unsachlichen Argumente die Oberhand gewinnen. Der Moderator sorgt dafür, dass jeder zu Wort kommt. Der Moderator ist auch für den organisatorischen Ablauf der Sitzung verantwortlich.

Der Moderator hat, ohne Diskussionen abzuwürgen, auf die Einhaltung des Zeitrahmens zu achten.

Fähigkeiten:

- fachliche Kompetenz für die Strukturierung des Themas und der Beiträge;
- methodische Kompetenz im Einsatz der technischen Mittel;
- natürliche Autorität;
- kommunikative Kompetenz.

b) Vorgehensweise des Moderators:

- Teilnehmer und sich selbst vorstellen;
- Klärung von Thema und Zielsetzung;
- Vermittlung von Verhaltensregeln, eventuellen Zeitvorgaben;

121

• Festlegung und Kontrolle des Ablaufs;
• Aufgreifen und Sortieren von Ideen;
• Strukturierung nach gemeinsamen Merkmalen;
• Gewichtung und Bewertung der aufgekommen Ideen.

Aufgabe 2   **(10 Punkte)**

a) Zentrales und dezentrales Controlling

   Das zentrale Controlling ist i. d. R. ein Bereich in der Geschäftsführung oder im Rechnungswesen eines Unternehmens. Die Mitarbeiter sind dabei nur an die Anweisungen der direkten Vorgesetzten und der Geschäftsführung gebunden und handeln (oft) in deren direktem Auftrag.

   Beim dezentralen Controlling werden den Fachbereichen ein oder mehrere Controller zugeordnet, die dann i. d. R. nicht nur dem Leiter der Controllingabteilung sondern auch dem Leiter der Fachabteilung nachgeordnet sind. Der Vorteil des dezentralen Controllings besteht darin, dass die Controller das Leistungsgeschehen besser beurteilen können. Der Nachteil besteht darin, dass Konflikte zwischen dem Leiter der Fachabteilung und dem Controlling möglich sind.

b) Controllingfunktionen

   • Planungsfunktion
   • Steuerungsfunktion
   • Kontrollfunktion
   • Koordinationsfunktion
   • Unterstützungsfunktion
   • Beratungsfunktion

3.1 Seniorenzentrum „Arche Noah"

Controllinginstrumente

- GAP-Analyse
- SWOT-Analyse
- Ansoff-Matrix
- Portfolioanalyse
- Benchmarking

Aufgabe 3   **(6 Punkte)**

In Altenwohnheimen leben alte Menschen in Wohnungen oder Zimmern, führen selbständig ihren Haushalt und nehmen keine (oder kaum) Pflege- und Betreuungsleistungen in Anspruch.

In Altenheimen werden Dienstleistungen, wie Reinigung der Wohnungen/Zimmer, Essens- und Pflegeleistungen, angeboten. Die Menschen sind aber nicht (oder nur gering) pflegebedürftig und führen noch ein weitgehend selbstbestimmtes Leben.

In Altenpflegeheimen leben Menschen, die bedingt durch die Pflegebedürftigkeit kein selbständiges Leben mehr führen können. Die stationäre Pflege steht eindeutig im Vordergrund der Betreuung.

Aufgabe 4   **(6 Punkte)**

Bei Minderjährigen wird ein Vormund eingesetzt, wenn die Eltern der Minderjährigen diese nicht mehr vertreten können oder dürfen.

Der Vormund übernimmt dabei alle elterlichen Pflichten.

Bei der Vermögenssorge für die Minderjährigen unterliegt der Vormund allerdings höheren Auflagen und Einschränkungen als die Eltern.

Pflegschaft und Beistandschaft umfassen die Übernahme von Teilaufgaben der elterlichen Verpflichtungen in der Sorge für die Person und ihr Vermögen. Pflegschaft und Beistandschaft werden also auf bestimmte einzelne Aufgaben und Angelegenheiten begrenzt und gelten in der Regel als Unterstützungsleistung für die Eltern.

Aufgabe 5 (6 Punkte)

Ziel von Behandlungspfaden:

• Pflegemaßnahmen übersichtlich und verständlich darstellen
• Pflegemaßnahmen planen
• höhere Qualität sichern
• einheitliche Pflege gewährleisten
• Risiko mindern
• bessere Einarbeitung
• einfachere Dokumentation
• Transparenz
• Kosteneinsparung

Aufgabe 6 (6 Punkte)

Das Ziel dieser Gesprächsrunden ist es, die Arzneimittelsicherheit zu erhöhen. Dosierungsfehler sollen vermieden, Wechselwirkungen der Poly-Medikation berücksichtigt, unerwünschte Arzneimittelwirkungen vermieden sowie die Therapiekosten gesenkt werden.

Aufgabe 7 (9 Punkte)

a) Formalziel = auf quantitatives Kriterium des Unternehmenserfolgs gerichtetes Ziel, z. B. Senkung der Kosten.

Sachziel = auf ein Ergebnis der betrieblichen Leistungserstellung gerichtetes Ziel, z. B. fehlerfreie Dosierungen.

Sozialziel = auf das Verhältnis zu internen oder externen Gruppen gerichtetes Ziel, z. B. bessere und verständnisvollere Kommunikation mit den Hausärzten.

b) Das Zieldreieck im modernen Projektmanagement beinhaltet die Faktoren „Leistung – Kosten – Zeit".

Leistung: was soll erreicht werden und in welcher Qualität? Kosten: welches Budget steht für das Projekt zur Verfügung? Zeit/Zeitrahmen: Bis wann ist das Projekt umzusetzen?

Der Projektmanager hat die Aufgabe, diese Zielgrößen zu beachten und so auszubalancieren, dass das Projekt erfolgreich gestaltet werden kann. Da ist nicht immer ganz einfach, da die Faktoren teilweise gegeneinander wirken.

Beispiel: Wird der Zeitrahmen nicht eingehalten, steht die Leistung erst später als geplant zur Verfügung. Das wiederum hat zur Folge, dass die Einhaltung der Kostenvorgabe gefährdet ist und mögliche Einnahmen später realisiert werden können. Neben diesen drei Zielgrößen sollte auch immer die Zufriedenheit der Stakeholder beachtet werden. Diese haben teilweise sehr unterschiedliche Anforderungen an die drei Faktoren.

Aufgabe 8   **(10 Punkte)**

Zum Beispiel:

Zielsetzung – Ziel formulieren unter Einhaltung der SMART-Kriterien.

Planung – Erarbeiten der Strategie, wie die Ziele erreicht werden sollen und welche Maßnahmen zur Zielerreichung erledigt werden müssen.

Ist-Analyse:

Soll-Ist-Vergleich – Vergleich der Ist-Daten mit den Soll-Daten

Abweichungsanalyse – Ermitteln von Abweichungen und Abweichungsursachen.

Steuerung – Aufbauend auf der Abweichungsanalyse bei Bedarf Definition geeigneter Maßnahmen, die ein Gegensteuern ermöglichen.

Erfolgskontrolle – Vergleich der Ergebnisse mit ursprünglicher Zielsetzung.

Rückkopplung – Neudefinition von Zielen, um so die nächste Runde im Controlling-Regelkreis zu drehen.

Aufgabe 9 (12 Punkte)

a) Ein Ziel der Alteneinrichtung ist, demenzkranken Bewohnern ein möglichst normales Leben zu ermöglichen. Das soll erreicht werden, indem die betroffenen Bewohner an alltäglichen Hausarbeiten, wie der Essenzubereitung, der Blumenpflege und der Wäscheverteilung, beteiligt werden.

Dabei ist wichtig, dass die Bewohner nicht überfordert sind. So kann auch die passive Teilnahme an der Essenzubereitung durch Geräusche und Gerüche die Erinnerung der Bewohner fördern.

Ein weiteres Ziel der Alteneinrichtung ist, das Ansehen der Einrichtung und des Altenpflegeberufes durch gezieltes Sozialmarketing zu entwickeln. Dazu ist es notwendig, die Mitarbeiter im Rahmen der Entwicklung einer ganzheitlichen Pflege zu schulen und zu entwickeln, die Arbeitsbedingungen der Mitarbeiter und die Außendarstellung der Einrichtung zu verbessern.

b) Zieldefinition = Formulierung des angestrebten Zustands klar abgegrenzt mit Angabe der kontrollierbaren Kriterien für die Zielerreichung, und terminiert. (s. hierzu die SMART-Definition!)

Analyse = Untersuchung der internen Voraussetzungen und externen Bedingungen für die Zielerreichung (z.B. SWOT-Analyse)

Dies kann auch dazu führen, das Ziel nochmals zu überprüfen und ggfs. zu korrigieren.

Strategie = Entscheidung über grundsätzliches Vorgehen

Planung = Umsetzung der Strategie in Handlungsanweisungen für alle Felder des Marketing-Mix.

Umsetzung = Vergabe von Detailaufträgen und Anweisungen (auch richtig: Realisation = Verwirklichung der geplanten Schritte)

Kontrolle = sowohl als Kontrolle der Zielerreichung anhand der formulierten Kriterien als auch als regelmäßiger Soll-Ist-Vergleich der geplanten mit der tatsächlichen Entwicklung.

Aufgabe 10 **(11 Punkte)**

a) Mit der Kostenführerschaft wird angestrebt, durch einen Preisvorteil gegenüber den Mitbewerbern den Marktanteil zu erhöhen. Die daraus resultierende höhere Auslastung bringt wiederum Kostenvorteile mit sich. Notwendig sind damit eine exakte Kostenrechnung, ein genaues Controlling und eine offensive Außendarstellung der Preispolitik.

Mit der Leistungsführerschaft wird angestrebt, sich von den Mitbewerbern durch höhere Qualität zu unterscheiden, wobei die Bereitschaft der Kunden vorausgesetzt wird, für Qualität auch entsprechende Preise zu bezahlen. Entscheidende Aufgabenbereiche sind damit:

Qualitätsmanagement; Personalentwicklung und Qualifizierung; technische Ausstattung; Kommunikationspolitik.

b) Mögliche Maßnahmen können unter anderem sein:

• individuelle Beratung und Betreuung

• regelmäßige persönliche Sprechstunden bei einem gleich bleibenden verantwortlichen Ansprechpartner

• Individualisierungsmöglichkeiten in der Ausstattung der Unterbringung

- Betreuung und Angebote auch außerhalb der Behandlungszeiten
- Unterbringung und Verpflegung für Wochenendbesucher
- Unterstützung bzw. Organisationen von Gemeinschaftsaktivitäten in der Freizeit

Aufgabe 11   **(11 Punkte)**

a) Corporate Identity bedeutet die Stilisierung des Unternehmens zu einer eigenen „Persönlichkeit" mit einem erkennbaren eigenen „Charakter" und typischem Profil durch ein klares Selbstbild. Es enthält einheitliche Regelungen zum Erscheinungsbild (Corporate Design).

b) Corporate Behaviour (Verhalten): Umgang mit Geschäftspartnern und Mitarbeitern im Einklang mit den Normen des Leitbildes; z. B. Verhaltensregeln für den Umgang mit Angehörigen. – Corporate Communication (Kommunikation): Sprachstil, Ausdrucksweise; z. B. Kommunikationsregeln für Gespräche mit Angehörigen; Regeln für die Gesprächseröffnung bei eingehenden Telefonaten.

c) Merkmale eines gemeinwohlorientierten Unternehmens in der Altenpflege

- Dienstleistungen richten sich nach Qualitätsmerkmalen, Effizienz und Nachhaltigkeit
- gemeinnützige Altenfürsorgeleistungen
- Sicherung der Interessen der Patienten, Gepflegten und Mitarbeitern
- bestmögliche Arbeitsbedingungen für Mitarbeiter und Ehrenamtliche
- Erfüllung des Versorgungsauftrags

- Gewinnerwirtschaftung kein vorrangiges Unternehmensziel
- Gewinnverwendung zugunsten des Gemeinwohls

3 Lösungen

3.1.3.2 Aufgabenstellung 2
(Steuern von Qualitätsmanagementprozessen – Steuern und Überwachen betriebswirtschaftlicher Prozesse und Ressourcen – Führen und Entwickeln von Personal)

Aufgabe 1 (13 Punkte)

a) Ziel des Beschwerdemanagements ist es, die Kundenzufriedenheit und die Servicequalität des Unternehmens zu verbessern, um den Gewinn und die Wettbewerbsfähigkeit des Unternehmens zu erhöhen und so am Markt erfolgreich zu sein.

   Konkret geht es dabei um die Stabilisierung gefährdeter Kundenbeziehungen.

b) Der direkte Prozess betrifft den unmittelbaren Kundenkontakt, der indirekte Prozess die daraus resultierenden Aufgaben.

   Direkter Beschwerdemanagementprozess:

   a) Beschwerdestimulierung (Ziel: gute Erreichbarkeit)

   b) Beschwerdeannahme (Ziel: zügige Weiterleitung der Beschwerde)

   c) Beschwerdebearbeitung (Ziel: Schnelligkeit der Beschwerdebearbeitung)

   d) Beschwerdereaktion (Ziel: Problemlösung)

   Zum direkten Beschwerdemanagementprozess gehören:

   a) Beschwerdeauswertung (Ziel: Nutzung der Beschwerdedaten)

   b) Reporting (Ziel: formale Nutzung der Beschwerdeinformation)

    c) Controlling (Ziel: statistische Erfassung der Anteile an Beschwerden)

    d) Informationsnutzung (Ziel: Maßnahmen zur Verbesserung der Qualität)

Aufgabe 2   **(8 Punkte)**
Motivation – Maßnahmen:

- Verbesserung der internen Kommunikation/Information – Möglichkeiten für Mitarbeiter zur Stellungnahme;
- Mitwirkung der Mitarbeiter durch Vorschlagswesen;
- Angebote für Fortbildung;
- Einführung einer Umsatzbeteiligung;
- Prämien bei Zielerreichung (siehe unten: MbO);
- Durchführung von Gemeinschaftsveranstaltungen, Events.

Aufgabe 3   **(5 Punkte)**
- Benennung eines Beauftragten
- Interne Kommunikation der Bedeutung
- Festlegung der grundsätzlichen Orientierung
- Verankerung der erforderlichen Maßnahmen
- Festlegung quantifizierter Ziele
- Durchführung der Bewertungen
- Bereitstellung der Ressourcen

Aufgabe 4   **(8 Punkte)**
Szenario-Technik: Bei langfristigen Planungs- und Prognoseaufgaben wird eine Bandbreite zwischen „worst case" und „best case" festgelegt, in der mit unterschiedlichen Wahrscheinlichkeiten die künftige Entwicklung erwartet werden kann.

Die Szenarioanalyse ist eine Untersuchung der Faktoren, die die künftige Entwicklung des Unternehmens, in unserem Fall also die Entwicklung der Alteneinrichtung, beeinflusst.

Die prognostizierte demografische Entwicklung in Deutschland zeigt, dass die Bedeutung der Alteneinrichtungen und der Beruf der Altenpflege deutlich steigen werden. Also ein Umfeld mit guter Zukunft, auch für die Senioreneinrichtung „Arche Noah".

In vielen Gemeinden werden derzeit moderne Alteneinrichtungen geschaffen. Und es gibt Überlegungen, den Beruf der Altenpflege aufzuwerten und neue Ausbildungsstätten zu schaffen.

Aufgabe 5   **(7 Punkte)**
Einnahmen:

15 000 BT × 60 €	= 900 000 €
10 000 BT × 90 €	= 900 000 €
6 000 BT × 120 €	= 720 000 €

	2 520 000 €
Ausgaben:	≈ 2 500 000 €

Das Betriebsergebnis beläuft sich auf 20 000 €.

Aufgabe 6   **(8 Punkte)**
Pflegekosten sind alle pflegebedingten Aufwendungen, ferner 50 % der Betriebskosten.

Zu den Kosten für Unterkunft und Verpflegung gehören die weiteren 50 % der Betriebskosten (einschließlich der Verwaltungskosten und der hauswirtschaftlichen Kosten, wie Reinigung und Wäsche), die Mietnebenkosten (wie Heizung, Wasser und Strom) und die Kosten für die Verpflegung.

Investitionskosten sind die Abschreibungen auf Gebäude, Einrichtungen und Ausstattungen sowie die Aufwendungen für Instandsetzung. Aufwandsrelevante Abschreibungen sind jedoch nur die Abschreibungen auf Anlagen, die mit Eigenmitteln finanziert wurden. Die Abschreibungen auf Anlagen, die vom Staat mit Fördermitteln finanziert wurden, sind nicht zu berücksichtigen, da sie ergebnisneutral gebucht werden.

Wahlleistungskosten sind individuelle Zusatzleistungen, wie Friseur, Fußpflege und Zeitung.

Aufgabe 7   **(8 Punkte)**

a) Geld- und Sachleistungen:

- Pflegegeld für die häusliche Pflege durch selbstbeschaffte Pflegepersonen
- Sachleistungen für die häusliche Pflege durch einen ambulanten Pflegedienst
- Pflegekosten für die teilstationäre Pflege (Tag- und Nachtpflege)

b) Mögliche Unterstützung durch ambulante Pflegedienste:

- Schulungen
- Praktische Anleitungen zu Hause
- Beratung über Möglichkeiten der finanziellen und materiellen Unterstützung

Aufgabe 8   **(8 Punkte)**

a) Jede Alteneinrichtung sollte einen langfristigen Investitionsplan erstellen, um eine Überblick über die zu erwartenden Investitionen im Hause zu haben. Es ist dabei zu beachten, dass neben den Re-Investitionen in dem Wohn- und Pflegebereich auch bauliche und technische Anlagen erneuert werden müssen. Um diese Investitionen nicht über Darlehen fremd finanzieren zu müssen, sollten betriebliche Gewinne, Einnahmen aus Investitionszuschlägen aus dem Tagessatz und mögliche Spenden rechtzeitig zurückgelegt werden.

Die langfristige Investitionsplanung ist Grundlage der jeweiligen Jahresplanung für Investitionen.

b) Was ist bei den Investitionen noch zu beachten:

- Zweckmäßigkeit
- Notwendigkeit
- Wirtschaftlichkeit
- richtiger Zeitpunkt
- Ausschreibungen bei Einkauf
- gemeinsamer Einkauf mit anderen Einrichtungen
- Festlegung der Nutzungsdauer
- Ermittlung der Abschreibungen
- Umlage auf den Investitionskostenzuschlag

Aufgabe 9   **(9 Punkte)**

Planung:

- Erstellung der Finanz- und Investitionsplanung
- Planung des Personalbedarfs
- interne Budgetierung
- Kalkulation der Heimkosten

Analyse:

- Entwicklung von Erlösen und Aufwendungen
- Plan-Ist-Vergleiche
- Ursachenanalyse
- Wirtschaftlichkeitsanalyse
- Patientenumfragen
- Steuerungsaufgaben

Berichtswesen:

- internes Berichtswesen
- externes Berichtswesen (Bundesamt für Statistik)
- externes Berichtswesen (örtliche Behörden)

Aufgabe 10   **(10 Punkte)**

a) Fachliche Fähigkeiten:

- Fachkenntnisse
- Kostenbewusstsein
- Zielsetzung der Einrichtung verinnerlichen
- Qualitätskenntnisse
- Arbeitsorganisation

Soziale Kenntnisse:

- Empathie
- Konflikt- und Kritikfähigkeit
- Engagement
- Leistungsbereitschaft
- Selbstbewusstsein
- Kooperationswillen

b) Maßnahmen zur Entwicklung der Pflegekräfte:

- Gespräche
- Schulungen
- Lehrgänge
- Coaching
- Workshops
- Programme zur Einarbeitung
- Einsatz in anderen Bereichen

3 Lösungen

Aufgabe 11   **(8 Punkte)**
Fortbildungen sind Bildungsmaßnahmen zum Erhalt und zur Erweiterung der erworbenen Kenntnisse und Fertigkeiten im beruflichen oder persönlichen Bereich.

Maßnahmen, wie beispielsweise Kurse zum Wund- und Schmerzmanagement oder zu Bobath-Therapien, erweitern und festigen die Kenntnisse der Mitarbeiter im beruflichen Alltag.

Weiterbildung in der Altenpflege ist eine berufliche Weiterentwicklung, wie beispielsweise zum Fachaltenpfleger für psychiatrische Pflege, für onkologische Pflege oder für Palliativpflege.

Ziel ist eine neue Qualifikation, die durch eine Prüfung zu bestätigen ist.

Aufgabe 12   **(8 Punkte)**
Analyseschema nach Matzat:

- Erkennen des Problems
- Ursachenanalyse
- Aufgabe/Ziel
- Bedingungen
- Einschränkungen
- Durchführbarplanung
- Durchführung
- Rückblick, Zielkontrolle
- Revision
- Präsentation und Dokumentation

Vorgehensweise in diesem Konflikt:

Ich lade die Beteiligten zu einem Gespräch ein und berichte von meinen Wahrnehmungen.

Dann bitte ich die Stationsleitung und die Pflegekräfte, dazu Stellung zu nehmen.

136

Nach Offenlegung der Probleme und Konflikte sollte gemeinsam darüber nachgedacht werden, wie diese Missverständnisse vermieden werden können.

Im Ergebnis des Gespräches sind klare Maßnahmen und Ziele für das künftige Miteinander zu formulieren.

Nach einiger Zeit ist zu prüfen, ob die festgelegten Maßnahmen zum gewünschten Ziel geführt haben. Falls nicht, sind eine Ursachenanalyse und weitere gemeinsame Überlegungen zur Lösung des Problems notwendig.

3 Lösungen

3.1.4 Aufgabensatz IV

3.1.4.1 Aufgabenstellung 1
(Planen, Steuern und Organisieren betrieblicher Prozesse – Gestalten von Schnittstellen und Projekten – Planen und Durchführen von Marketingmaßnahmen)

Aufgabe 1   **(15 Punkte)**

a) Bereiche der sozialen Sicherung:

- Gesetzliche Rentenversicherung
- Gesetzliche Krankenversicherung
- Gesetzliche Unfallversicherung
- Soziale Pflegeversicherung
- Arbeitslosenversicherung
- Gesetzliche Unfallversicherung
- Sozialhilfe
- Kindergeld
- Wohngeld

b) Sozialbudget:

- Summe aller Leistungen der sozialen Sicherung in Deutschland

Sozialleistungsquote:

$$\frac{Sozialbudget}{Bruttoinlandsprodukt}$$

Aufgabe 2 (8 Punkte)

a) Das Arbeitslosengeldgeld ist im SGB II geregelt.

Es soll erwerbsfähigen Hilfsbedürftigen eine materielle Grundsicherung ermöglichen, wenn sie kein dafür ausreichendes Einkommen erzielen.

Das Arbeitslosengeld, umgangssprachlich „Hartz IV" genannt, soll den betreffenden erwerbsfähigen Menschen die Führung eines Lebens auf dem Niveau des (sozioökonomischen) Existenzminimums ermöglichen.

Die Finanzierung erfolgt aus Steuermitteln. Diese Aufwendungen werden vom Bund getragen, wenn sie in den Zuständigkeitsbereich der Bundesagentur für Arbeit fallen. Die Kommunen übernehmen die anteilig kommunalen Leistungen.

Die dem Arbeitslosengeld II entsprechende Leistung für Personen, die nicht erwerbstätig sein können, ist die Sozialhilfe. Gesetzliche Grundlage ist das SGB XII.

Sie soll den betroffenen Personen ebenfalls ein menschenwürdiges Leben ermöglichen (siehe auch „Würde des Menschen" im SGB XII, § 1).

Die Leistungen für die Sozialhilfe finanzieren die Kommunen aus Steuermitteln.

b) Regelbedarf: Der Regelbedarf ist der finanzielle Umfang für die Grundsicherung des Lebensunterhaltes (Aufwendungen für Lebensmittel, Kleidung, Strom und Sonstiges) und wird in sechs „Stufen" unterteilt. Der Regelbedarf wird jährlich überprüft und verändert.

c) Sozialgeld: Sozialgeld erhalten hilfebedürftige Personen, die nicht erwerbsfähig sind und mit Personen zusammen leben, die ALG II erhalten.

3 Lösungen

Aufgabe 3 **(9 Punkte)**
a) Ziel des Change Managements ist es, neue und effizientere Strukturen und Prozesse zu entwickeln, um den Anforderungen der Stakeholder (u. a. Patienten, Krankenversicherungen) zu entsprechen.

Ein wesentliches Problem des Veränderungsmanagements ist, dass Menschen den Veränderungen zunächst oft sehr skeptisch gegenüber stehen. Deshalb ist es wichtig, möglichst viele Mitarbeiter der Unternehmen in diesen Prozess einzubinden.

b) Phasen des Veränderungsprozesses nach Kurt Lewin:

- Auftauphase (Notwendigkeit der Veränderung bewusst machen)
- Bewegungsphase (Lösungen entwickeln, ausprobieren)
- Einfrierphase (Umsetzung der gefundenen Lösungen, neuer Standard)

Phasen des Veränderungsprozesses nach John P. Kotter

- Notwendigkeit der Dringlichkeit vermitteln
- Führungsmannschaft aufbauen
- Vision und Strategie entwickeln
- Vision kommunizieren
- Hindernisse beseitigen
- kurzfristige Erfolge sichtbar machen
- Veränderung weiter antreiben, nicht nachlassen
- Veränderungen im Unternehmen umsetzen

Aufgabe 4 **(12 Punkte)**
Vorteile der Spartenorganisation:
- hohe Selbständigkeit der Sparten

- hohe Motivation der Mitarbeiter
- hohe Identifikation der Mitarbeiter mit dem Unternehmen und dem Bereich
- kaum Koordinationsaufwand

Nachteile der Spartenorganisation:

- geringer Informationsaustausch zwischen den Sparten
- mögliche Synergien können nicht genutzt werden
- Verselbständigung der Sparten (Spartenegoismus)

Vorteile der Matrixorganisation:

- flexible Organisation
- Teamarbeit
- direkte Kommunikation
- hoher Know-how-Transfer
- hohe Spezialisierung des Führungspersonals
- Einsparung von Zwischeninstanzen

Nachteile der Matrixorganisation:

- hoher Koordinierungsaufwand
- hoher Kommunikationsbedarf
- hoher Bedarf an Führungskräften
- Konfliktpotential
- Kompromissgefahr

Aufgabe 5   **(6 Punkte)**

Bestandteile der Pflegedokumentation:

- persönliche Daten der Heimbewohner
- Inhalt der Pflegeplanung
- Dokumentation der durchgeführten Pflegemaßnahmen

3 Lösungen

- Nachweis von Beobachtungen
- Nachweis von ärztlichen Medikamentenverordnungen
- Nachweis von ärztlichen Behandlungen
- Nachweis von Nahrungsverordnungen

Aufgabe 6 (10 Punkte)

a) Grundsätzlich bestehen Schnittstellen intern in der Einrichtung zwischen den einzelnen Abteilungen wie Pflege, Hauswirtschaft, Verwaltung, Sozialer Dienst sowie extern zu Apotheken, Ärzten, Seelsorgern, Krankenhäusern u.a.

b) Ein organisiertes Schnittstellenmanagement kann zur Optimierung der sektorenübergreifenden Versorgung beitragen. Es bietet einen Rahmen, um die Übergänge zwischen Praxis und Krankenhaus so zu gestalten, dass eine gute individuelle Patientenversorgung ohne Hemmnisse im Behandlungsverlauf gewährleistet und somit die Patientensicherheit erhöht werden kann.

Aufgabe 7 (8 Punkte)

Phasen der Gruppendynamik:

- Orientierung (Forming): Erste Konfrontation mit Aufgabe und Begegnung mit Team
- Konflikt (Storming): Rangordnungskämpfe; Konflikte um Stellung, Kompetenzen, Ressourcen;
- Kooperation (Norming): Entwicklung gemeinsamer Normen und Werte, Herausbildung eines Wir-Gefühls;
- Integration (Performing): Konstruktive Lösung von Problemen, Fokussierung auf Projektaufgabe

Aufgabe 8 (8 Punkte)

a) Tätigkeitsnachweis für Projektmitglieder und Projektteam; Grundlage für Zielerreichungskontrolle; Orientierung bei späteren Problemen in der Umsetzung; Unterlage für übergreifenden Erfahrungen zur Nutzung bei künftigen Projekten.

b) • Dokumentation des Ablaufs, insbesondere der Meilensteine;

• Soll-/Ist-Vergleich Zielvorgabe / Zielerreichung;

• Soll-/Ist-Vergleich geplante / verbrauchte Ressourcen incl. Einhalten bzw. Überschreiten der Zeitplanung;

• Merksätze der zentralen Fehler bzw. Erfahrungen für künftige Projekte;

• evtl. Vermerke hinsichtlich Personalentwicklung.

Aufgabe 9 (9 Punkte)

People (Personalpolitik) – Physical Factors (Ausstattung) – Process (Prozesspolitik)

Das besondere am Dienstleistungssektor besteht hier darin, dass die Leistung für den Kunden im direkten Kontakt durch menschliche Arbeit erbracht wird. Die enge Verzahnung dieser Leistung mit den vor- und/oder nachgelagerten Prozessen des Kunden und der Einsatz spezialisierter Ausstattung sind dabei entscheidende Bestandteile.

Aufgabe 10 (13 Punkte)

a) Die Attraktivität einer Branche und damit das strategische Verhalten eines Unternehmens werden wesentlich durch die Marktstruktur bestimmt.

Das 5-Kräfte-Modell nach Porter gliedert sich wie folgt:

- Wettbewerbsintensität in der Branche
- Verhandlungsmacht der Lieferanten
- Verhandlungsmacht der Kunden
- Bedrohung durch neue Anbieter
- Bedrohung durch Ersatzprodukte

b) Die SWOT-Analyse ist eine Methode der strategischen Managementanalyse und damit Grundlage der Marketingstrategien.

Dabei geht es um die Darstellung und Analyse der Chancen und Gefahren (externe Analyse oder Umweltanalyse) sowie der Stärken und Schwächen (interne Analyse oder Unternehmensanalyse) von Projekten in einer Matrixübersicht.

Die Chancen und Gefahren ergeben sich dabei aus dem Marktgeschehen, also von außen.

Die Stärken und Schwächen ergeben sich aus dem Unternehmen selbst, also von innen (aus der Selbstbeobachtung).

c) Ziele der SWOT-Analyse:

- Analyse und Bewertung der Entwicklungstrends
- Analyse der Mitbewerber (u.a. Marktanteile, Ziele, Fähigkeiten)
- Analyse und Bewertung der Leistungsfähigkeit eines eigenen Unternehmens
- Analyse und Bewertung der Ressourcen des Unternehmens (u.a. Personal, Finanzen)
- Analyse der Schnittstellen
- Analyse der Möglichkeiten der öffentlichen Kommunikation

Aufgabe 11 (12 Punkte)

a) Werbebotschaft ist die Nachricht, die in der Zielgruppe ankommen soll; sie besteht im Kern aus Informationen, aber soll auch die emotionale Wahrnehmung ansprechen. – Das Werbemittel ist die objektivierte Form der Werbebotschaft, z. B. die Gestaltung eines Flyers oder Plakats; das Werbemittel soll von einem Medium als Werbeträger zur Zielgruppe übermittelt werden. Die Art der Botschaft setzt Rahmenbedingungen für die Umsetzung in ein Werbemittel. So ist eine akustische Nachricht vielfach für die Übertragung von sachlichen Informationen schlechter, dagegen für eine emotionale Botschaft besser geeignet als ein Printmedium. Das Werbemittel wiederum schafft Sachzwänge für die Wahl des Werbeträgers, z. B. kann eine Zeitschrift kein bewegtes Bild transportieren.

b) Ein guter Leitfaden für die Erstellung eines Presseberichts oder einer PR-Nachricht (auch Waschzettel genannt) sind die W-Fragen: wer, was, warum, wo, wann und wie.

Außerdem sollte Beachtung finden:

- guter Titel (Überschrift)
- klare und deutliche Formulierungen
- komplizierte Dinge schlicht und einfach ausdrücken
- „gestelzte" Sprache vermeiden
- wichtigste Fakten an den Anfang stellen
- Ansprechpartner und Kontaktdaten
- Fotos

3 Lösungen

3.1.4.2 Aufgabenstellung 2
(Steuern von Qualitätsmanagementprozessen – Steuern und Überwachen betriebswirtschaftlicher Prozesse und Ressourcen – Führen und Entwickeln von Personal)

Aufgabe 1   **(10 Punkte)**
Der Entwurf sollte enthalten:

• Genaue Bezeichnung des Unternehmens
• Aufstellung aller umweltrelevanten Tätigkeiten
• Daten über Verbrauchswerte und Emissionen
• Bezeichnung der Verantwortlichen

Aufgabe 2   **(10 Punkte)**
a) Zum Beispiel:

Schritt 1: Beschreibung des Problems

Schritt 2: Untersuchung der Entstehung des Problems – Vermutungen als Hypothesen

Schritt 3: Wen betrifft das Problem?

Schritt 4: Erarbeiten von Lösungen

Schritt 5: Prüfung der Lösungswege und Entscheidung

b) Standardisierte Ermittlung der Ursachen für Entwicklungen, Abweichungen, Fehler. Nach Ishikawa in der Reihenfolge:

• Menschen
• Maschinen
• Material
• Methoden
• Milieu
• Messung

• Management

Aufgabe 3   **(8 Punkte)**

1. Benchmarking ist eine Weiterentwicklung des Betriebsvergleichs.

   Ein Vergleich mit anderen Unternehmen, insbesondere den besten, um bessere Methoden und Praktiken zu erkennen und zu entwickeln.

2. Vorteile des Benchmarking:

   • eindeutige Positionierung im Vergleich zu den Mitbewerbern

   • Man erhält geschäftsrelevante Informationen

   • Man lernt, effektiverer Methoden und Praktiken einzuführen

   • Man lernt, die Rentabilität zu erhöhen

   • Man lernt, Auslastung und Produktivität zu erhöhen.

Aufgabe 4   **(6 Punkte)**

Eisenhower Methode: Sortieren nach den vier Kriterien der Dringlichkeit und Wichtigkeit:

   • Alles was wichtig und dringlich ist, sofort erledigen

   • was nicht wichtig aber dringlich ist nach Möglichkeit delegieren

   • was wichtig aber nicht dringlich ist auf die nächsten Tage verschieben

   • was weder wichtig noch dringlich ist, kommt in den Papierkorb

ABC-Analyse: Sortieren in drei Prioritätskategorien und innerhalb der Kategorien aufsteigend nach geschätztem Zeitaufwand.

3 Lösungen

ALPEN-Methode: Planung der Tagesaktivitäten in den Schritten:

 A ktivitäten auflisten

 L änge zeitlich abschätzen

 P ufferzeiten einplanen

 E ntscheidungen treffen

 N achkontrollieren

Aufgabe 5   **(8 Punkte)**

a) Maximale Belegung (100 %):

  90 Betten × 365 Tage = 32 850 Belegungstage (BT)

 Ist-Belegung (95 %)

  32 850 × 95 % = 31 208 BT (gerundet)

b) Aufteilung der Belegungstage nach Pflegestufen

Pflegestufe 1	50 % von 31 208 BT	15 604 BT
Pflegestufe 2	30 % von 31 208 BT	9 362 BT (gerundet)
Pflegestufe 3	20 % von 31 208 BT	6 242 BT (gerundet)

                  31 208 BT

c) Umrechnung der Belegungstage in „Recheneinheiten" (RE) mittels Äquivalentziffern

Pflegestufe 1	1,0 × 15 604 BT	=	15 604 RE
Pflegestufe 2	1,5 × 9 362 BT	=	14 043 RE
Pflegestufe 3	2,0 × 6 242 BT	=	12 484 RE

                  42 131 RE

d) Ermittlung der pflegesatzfähigen Kosten nach Pflegestufen

Pflegestufe 1
15 604 RE / 42 131 RE × 2 500 000 € = 925 921,53 € (gerundet)

Pflegestufe 2
14 043 RE / 42 131 RE × 2 500 000 € = 833 293,77 € (gerundet)
Pflegestufe 3
12 484 RE / 42 131 RE × 2 500 000 € = 740 784,70 € (gerundet)

---

2 500 000,00 €

e) Ermittlung der Tagespflegesätze nach Pflegestufen
Pflegestufe 1   925 921,53 € / 15 604 BT = 59,34 € (gerundet)
Pflegestufe 2   833 293,77 € / 9 362 BT = 89,01 € (gerundet)
Pflegestufe 3   740 784,70 € / 6 242 BT = 118,68 € (gerundet)

---

31 208 BT

Aufgabe 6   (**8 Punkte**)
a) Die Unterkunfts- und Verpflegungskosten der Heimunterbrin-
   gung sind von den Bewohnerinnen und Bewohnern zu finanzieren, da diese Aufwendungen auch in der eigenen Wohnung
   angefallen wären. Ebenso verhält es sich mit den Investitionskosten und den Wahlleistungen.

   Die Pflegekosten werden auf der Grundlage der Pflegeversicherung von den Pflegekassen anteilig übernommen. Die Höhe
   der Kostenübernahme durch die Pflegekassen ist von der Pflegebedürftigkeit (der vom Medizinischen Dienst anerkannten
   Pflegestufen) abhängig.

Die Pflegekosten, die nicht durch die Zahlung der Pflegekassen gedeckt sind, müssen vom Pflegebedürftigen selbst aufgebracht werden. In vielen Fällen gibt es aber einen Anspruch auf Unterstützung durch die Sozialhilfe.

b) Wenn das monatliche Einkommen der Heimbewohner nicht ausreicht, um die Heimkosten zu bezahlen, kann ein Antrag auf Sozialhilfe gestellt werden.

Die Gewährung von Sozialhilfe erfolgt aber nur, wenn neben nicht ausreichendem Einkommen des Heimbewohners auch kein Vermögen (Bankguthaben, Bargeld, Lebensversicherungen, Aktien, Grundbesitz, Wohneigentum) vorhanden ist. Der „Schonbetrag" liegt dabei sehr niedrig.

Kann das „Vermögen" nicht gleich verwertet werden (z.B. bei Hausverkauf), kann die Sozialhilfe ein Darlehen gewähren.

Ferner wird geprüft, ob Unterhaltsansprüche des Heimbewohners gegenüber dem Ehepartner und Kindern besteht.

Aufgabe 7   **(8 Punkte)**

a) Mindestanforderungen an die Kosten- und Leistungsrechnung:

- Die Kosten und Leistungen (Erlöse) sind genau zu erfassen
- Bildung von erforderlichen Kostenstellen
- Die Kosten und Leistungen sind auf die Kostenstellen zu verteilen
- Die Kosten und Leistungen sind verursachungsgerecht Kostenträgern zuzuordnen
- Bei mehreren Einrichtungen sind die Kosten und Leistungen richtig abzugrenzen

b) Kostenartengruppen:

- Personalkosten Pflege
- Speisen- und Getränkeversorgung
- Reinigungsleistungen
- Wäscheleistungen, Privat- und Hauswäsche
- Hauswirtschaftliche Leistungen
- Wasser und Energie
- Verwaltung
- Versicherungen
- Instandhaltung
- Abschreibungen

Aufgabe 8   **(8 Punkte)**

Die Investitionsaufwendungen der Alteneinrichtungen (u.a. Bau und Erstausstattung) werden in der Regel mit öffentlichen Fördermitteln finanziert.

Die Abschreibungen für die mit Steuermitteln finanzierten Investitionen dürfen im Rahmen der Entgeltkalkulation nicht berücksichtigt werden.

Der Investitionsaufwendungsanteil im Entgelt der Einrichtung umfasst nur die Abschreibungen für Investitionen, die mit Eigenmitteln der Einrichtung finanziert wurden.

Aufgabe 9   **(8 Punkte)**

Ein wesentliches Problem der Alteneinrichtung besteht darin, die jährlichen tariflichen und sonstigen Kostensteigerungen gegenüber den Pflegekassen zu vertreten und notwendige Steigerungen der Vergütung für die Pflege sowie für Unterkunft und Verpflegung zu erreichen.

Die Pflegekassen sind oft nicht bereit, die dargestellten Kostensteigerungen zu akzeptieren und in einer neuen Vereinbarung (Grundlage SGB XI) zu bestätigen.

Deshalb ist wichtig, neben einer klugen Verhandlungsstrategie zur Einnahmesicherung auch den Personal- und Sachmitteleinsatz so zu optimieren, um auch künftig ausgeglichene Betriebsergebnisse erzielen zu können.

Aufgabe 10   **(10 Punkte)**

a) Bewerbungsunterlagen:

- Vollständigkeit
- Anschreiben und Lebenslauf mit Lichtbild
- Schulabschluss
- Stationsleitungskurs und /oder langjährige Erfahrung
- Fachwissen, bisherige Tätigkeiten
- Beurteilungen der bisherigen Arbeitgeber (Zeugnisse)
- Kooperation und Kollegialität
- Verhalten gegenüber Vorgesetzten und Mitarbeitern

b) Aufgaben beim Vorstellungsgespräch:

- Vorstellung der beteiligten Personen, des Unternehmens und der Arbeitsaufgabe
- Erörterung der persönlichen Situation des Bewerbers
- Fragen zur Ausbildung und den bisherigen Tätigkeiten
- Bewertung der fachlichen und sozialen Kompetenz
- Bewertung der Persönlichkeit (Auftreten, Kleidung, Sprache, Reife)
- Einkommen und weitere Leistungen des Unternehmens

c) Der Stellenplan ist als ein Instrument der Personalplanung eine Aufstellung der geplanten Stellen für einen bestimmten Zeitraum (in der Regel ein Jahr).

Die Stellenpläne zeigen, welche Stellen mit welchem Personalaufwand für die einzelnen Bereiche und für die gesamte Einrichtung geplant sind. Die Stellenplanungen basieren auf dem ermittelten Personalbedarf und den im Finanzplan vorgesehenen Personalaufwendungen.

Aus dem Stellenplan ist auch ersichtlich, welche der geplanten Stellen besetzt und welche frei sind.

Damit ist der Stellenplan auch Grundlage der Personalbeschaffung.

Aufgabe 11   **(8 Punkte)**

Assessment-Center: Gleichzeitige Beobachtung einer Gruppe von Mitarbeitern bzw. Bewerbern (max. 18) durch mehrere Personen zur Beurteilung des Potentials und der Kompetenzen in praxisbezogenen Situationen. Es kann über einen oder auch mehrere Tage gehen und sowohl berufsbezogene Aufgabenstellungen als auch verhaltensorientierte Übungen oder psychologische Testverfahren beinhalten.

Einzelinterview: Vorstellungsgespräch, das meist im Rahmen eines Assessment-Centers stattfindet und allen Teilnehmern gleiche oder ähnliche Fragen/Aufgaben stellt.

Dadurch ergibt sich die Möglichkeit, die Teilnehmer zu vergleichen.

3 Lösungen

Aufgabe 12   **(8 Punkte)**

a) Inhalt eines qualifizierten Arbeitszeugnisses:

- Art und Dauer der Tätigkeiten
- Beschreibung der Tätigkeiten
- Beurteilung der Arbeitsleistung (Fähigkeiten, Kenntnisse, Leistungsbereitschaft, Belastbarkeit, Zuverlässigkeit)
- Grund des Ausscheidens
- Schlussformel (Dank, Bedauern, Zukunftswünsche)
- Unterschrift

b) Aussagen, die in einem Arbeitszeugnis nicht enthalten sein dürfen

- Privatanschrift
- Konfession (katholisch, evangelisch)
- Familienstand
- Gewerkschaftszugehörigkeit
- Betriebsratstätigkeit

3.2 RHEINKLINIK GMBH

3.2.1 Aufgabensatz I

3.2.1.1 Aufgabenstellung 1
(Planen, Steuern und Organisieren betrieblicher Prozesse – Gestalten von Schnittstellen und Projekten – Planen und Durchführen von Marketingmaßnahmen)

Aufgabe 1   **(9 Punkte)**
* Vor- und nachstationäre Behandlung (§ 115a, SGB V)

  Krankenhäuser können bei Verordnung einer Krankenhausbehandlung Versicherte vorstationär (ohne Unterkunft und Verpflegung) behandeln, um die Erforderlichkeit einer Krankenhausbehandlung zu klären oder die Krankenhausbehandlung vorzubereiten.

  Ebenso können die Krankenhäuser Versicherte nachstationär (ohne Unterkunft und Verpflegung) behandeln, um den Behandlungserfolg zu sichern oder zu festigen.

* Ambulantes Operieren (§ 115b, SGB V)

  Krankenhäuser können grundsätzlich ambulante Operationen (ohne stationären Aufenthalt) durchführen. Wichtig ist dabei, dass diese Operationen möglichst in separaten Operationssälen mit einem personellen Aufwand erfolgt, der der deutlich geringeren Vergütung entspricht (Kostendeckung).

* Übernahme von KV-Leistungen bei Unterversorgung durch niedergelassene Ärzte (SBG V, § 116a)

  Bei regionaler Unterversorgung können sich Krankenhäuser oder angestellte Ärzte von den kassenärztlichen Vereinigungen im Ausnahmefall ermächtigen lassen, Patienten ambulant zu behandeln.

- Durchführung hoch spezialisierter ambulanter Leistungen (SGB V, § 116b)

  Auf der Grundlage der Bestimmungen des § 116b können Krankenhäuser hoch spezialisierte Leistungen sowie seltene Erkrankungen im Ausnahmefall behandeln (Katalog).

- Disease-Management-Programme (SGB V, § 137f)

  Strukturierte Behandlungsprogramme für chronisch kranke Menschen. Durch eine strukturierte medizinische Betreuung sollen Behandlung und Lebensqualität verbessert, Folgeschäden und unnötige Kosten aus Spätfolgen vermieden werden. Krankenhäuser können sich ambulant an diesen DMP-Programmen beteiligen.

Aufgabe 2   **(10 Punkte)**
Der Pflegekomplexmaßnahmenscore (PKMS) ist ein Werkzeug, mit dem festgestellt werden kann, ob eine Pflegeleistung im Krankenhaus als hochaufwendig gilt. Beispiele für hochaufwendige Pflege finden sich insbesondere in den Krankheitsbildern Adipositas und schwerste Demenz.

In diesen Fällen sind eine Erfassung und Verschlüsselung „Kodierung" der Pflegeleistungen auf der Grundlage des Operationen- und Prozedurenschlüssels und somit eine Einflussnahme der Pflege auf die DRG-Vergütung möglich

Der Operationen- und Prozedurenschlüssel (OPS 301) ist ein Katalog mit über 28 000 möglichen Verschlüsselungen auf der gesetzlichen Grundlage des SGB V, § 301.

Er dient u. a. der Kodierung der im Krankenhaus erbrachten Leistungen und ist damit eine der Grundlagen für die Bildung und Abrechnung der DRG-Fallpauschalen.

Aufgabe 3   **(6 Punkte)**
Öffentliche Träger:

- Betreiber der kommunalen Einrichtungen

• Sicherung der kommunalen Versorgung

Wohlfahrtsverbände, Diakonie, Caritas:

• Betreiber der freigemeinnützigen Einrichtungen
• Ergänzung der öffentlich-rechtlichen Versorgung

Private Träger:

• Betreiber der privaten Einrichtungen
• Ergänzung der Versorgung mit ertragswirtschaftlichen Zielen

Aufgabe 4   **(8 Punkte)**

a) Notwendige Regelungen im Gesellschaftsvertrag einer GmbH:

  • Kennzeichnung des Krankenhauses als GmbH (im Firmennamen)
  • Sitz der Gesellschaft
  • Gegenstand bzw. Zweck der Krankenhaus GmbH
  • Stammkapital der GmbH (mindestens 25 000 €)
  • Einlage der Gesellschafter

  Eine GmbH haftet grundsätzlich nur mit ihrem Gesellschaftsvermögen. Die Gesellschafter haften grundsätzlich nicht mit ihrem Privatvermögen. Ein Gesellschafter haftet persönlich nur, wenn er in rechtswidriger Weise zur Vernichtung des Gesellschaftsvermögens beigetragen hat.

b) Vertragliche Haftung:

  Grundlage für die Haftung eines Krankenhauses ist der mit dem Patienten geschlossene Behandlungsvertrag. Gesetzliche Grundlage ist das BGB § 630a ff.

  Danach schuldet das Krankenhaus sämtliche Krankenhausleistungen einschließlich der ärztlichen Behandlung und hat dabei nicht nur für eigene Versäumnisse und Fehler einzustehen, sondern auch für das Fehlverhalten von Ärzten und Pflegepersonal. In diesen Fällen spricht man von Haftung aus dem Vertrag.

Deliktische Haftung:

Bei pflichtwidrigen Handlungen des ärztlichen und pflegerischen Personals (wie schuldhafte Behandlungsfehler, fehlende ärztlicher Aufklärung oder eigenmächtige Heilbehandlung) und bei Organisationsverschulden spricht man von einer Haftung aus Delikt oder einer Haftung aus unerlaubter Handlung.

In diesen Fällen können Patienten oder auch das Krankenhaus als Arbeitgeber (Vertragspartner) zivilrechtliche Ansprüche gegenüber dem behandelnden Personal geltend machen.

Aufgabe 5   **(7 Punkte)**

a) Die Sicherung der stationären Versorgung der Patienten ist Angelegenheit der einzelnen Bundesländer. Die Länder entscheiden darüber, welche Krankenhäuser mit welchen Fachrichtungen und wieviel Krankenhausbetten stationäre Patienten versorgen dürfen.

Ziel der Krankenhausplanung ist es, in allen Regionen der Bundesländer eine ausreichende, wirtschaftliche und zweckmäßige Versorgung der Menschen sicher zu stellen. Dazu wird zunächst der Versorgungsbedarf (Bettenbedarf gesamt und nach Fachrichtungen) im Bundesland/Region festgestellt. Nach Abstimmung dieses Versorgungsbedarfes mit dem vorhandenen Angebot wird dann entschieden, welche Krankenhäuser in den Krankenhausplan aufgenommen werden.

Diese „Plankrankenhäuser" haben dann Anspruch gegenüber dem Staat auf die Finanzierung der Investitionen und gegenüber den Krankenkassen auf Erstattung der Behandlungskosten.

In der Krankenhausplanung der Bundesländer sind somit folgende Regelungen zu treffen:

- Standort der Krankenhäuser
- Gesamtbettenzahl
- Fachabteilungen
- Leistungsschwerpunkte
- Versorgungsstufen (nicht in allen Bundesländern)

der Krankenhäuser festgelegt.

b) Die Einteilung der Krankenhäuser nach Versorgungsstufen ist ein Ansatz, eine bedarfsgerechte und gleichmäßige Verteilung der Krankenhausleistungen in Sachen Leistungsfähigkeit, Erreichbarkeit und Vielfalt zu erreichen. Da mit der Aufnahme in den Krankenhausplan des jeweiligen Bundeslandes und die Eingruppierung nach Versorgungsstufen auch ein Anspruch auf finanzielle Förderung entsteht, geht es letztlich auch um eine möglichst gerechte Verteilung der staatlichen Mittel.

Die Bundesländer gestalten die Einteilung nach Versorgungsstufen sehr unterschiedlich. Es werden bis zu fünf verschiedene Versorgungsstufen festgelegt:

- Krankenhäuser der Grundversorgung
- Krankenhäuser der Regelversorgung (Kreiskrankenhäuser)
- Krankenhäuser mit überörtliche Schwerpunktaufgaben
- Krankenhäuser der Maximalversorgung (Uni-Kliniken)
- Fachkrankenhäuser

Aufgabe 6 **(9 Punkte)**

a) Integrierte Versorgung:

Mit der „Integrierten Versorgung" sollen im Rahmen der Patientenversorgung die einzelnen Leistungserbringer (Krankenhaus, Haus- und Fachärzte) sowie einzelne Fachdisziplinen so miteinander verbunden werden, dass eine möglichst hohe Qualität der Versorgung der Patienten erreicht wird und gleichzeitig die Kosten gesenkt werden.

Um eine wirksame Zusammenarbeit von Krankenhäusern, Reha-Einrichtungen und ambulanten Versorgern zu gewährleisten, ist ein vertraglich gesichertes Netzwerk der Beteiligten notwendig, mit konkreten Festlegungen über die einzelnen Leistungen und deren Vergütung. Finanziert werden die Leistungen aus einem gemeinsamen Budget, dass von einer oder mehreren Krankenkassen bereitgestellt wird. Dazu sind Verträge zwischen den Krankenhäusern, Krankenkassen und der Kassenärztlichen Vereinigung notwendig.

Seit 2004 können aber auch Verträge zwischen Krankenkassen und Krankenhäusern ohne Zustimmung der kassenärztlichen Vereinigung abgeschlossen werden.

Wir unterscheiden indikationsspezifische Verträge und populationsgestützte Verträge der integrierten Versorgung.

b) Indikationsspezifische Verträge:

Das ist derzeit die übliche Form der Verträge der Integrierten Versorgung. Dabei werden den Leistungserbringern nach Indikation Komplexpauschalen für bestimmte Behandlungen gezahlt.

Populationsgestützte Verträge:

Hierbei sollen die Leistungserbringer durch „Kopfpauschalen" oder Gesundheitsprämien je versicherten Patienten finanziert werden.

Diese Finanzierungsform wird derzeit in Deutschland noch nicht praktiziert, wird aber künftig angestrebt.

Aufgabe 7   **(8 Punkte)**

a) Es handelt sich um Diskrepanzen zwischen Sender und Empfänger der Kommunikation.

Ursachen können sein: Fehlinterpretation der Sach-Information durch den Empfänger; unterschiedliche Bewertungen von sprachlichen Ausdrücken; Missverständnisse durch unterschiedlichen Kenntnisstand; Störungen auf der Beziehungsebene, die durch scheinbare sachliche Differenzen getarnt werden.

b) Die Kohäsion, also der Zusammenhalt einer Gruppe setzt eine Basis gemeinsamer Normen und Wertvorstellungen voraus; das „Wir-Gefühl" hängt außerdem ab von der Größe der Gruppe, Kontakthäufigkeit und –dauer und Vorprägung (Vor-Urteil) durch frühere Kontakte.

Aufgabe 8   **(9 Punkte)**

Nachdem Patientenhotels in vielen entwickelten Ländern längst zum Standard geworden sind, ist die Planung eines Patientenhotels der Rheinklinik GmbH durchaus sinnvoll. Mit der komfortableren Unterbringung von Patienten, die nicht ständig Behandlung und Pflege benötigen, könnte die Attraktivität der Rheinklinik GmbH deutlich gesteigert werden.

Die Zimmer in einem Patientenhotel sollten „Hotelcharakter" haben. Die Patienten können ihre eigene zivile Kleidung tragen , ihre Mahlzeiten in einem dazu gehörenden gehobenen Restaurant einnehmen und ihre Angehörigen bei sich unterbringen.

Für die medizinischen Behandlungen suchen die Patienten die Klinik auf.

Die Mitarbeiter im Patientenhotel sind medizinisch geschult, um auf eventuell auftretende gesundheitliche Probleme reagieren zu können.

Aufgabe 9 (10 Punkte)

a) Fehler in diesem Bereich wirken sich sofort aus, sind schwer zu korrigieren, beeinflussen nachhaltig auch die Ziele der Kommunikationspolitik und haben unmittelbare Auswirkung auf die betriebswirtschaftlichen Daten.

b) Nicht tarifierte Zusatzleistungen; Service-Angebote außerhalb des direkt therapeutischen Bereichs; nicht-ärztliche Wahlleistungen; Bewirtungsangebote und ähnliches an Verwandte von Patienten und Besucher.

c) Je nach Antwort unter b) ist zu begründen, ob eine Hochpreisstrategie sinnvoll ist (z. B. vertretbar oder sogar aus Imagegründen wichtig bei speziellen Angeboten im Gesundheits-/Therapie-Bereich) oder eine marktorientierte Preisstrategie (z. B. sinnvoll bei Bewirtungsangeboten eines eigenen Cafes mit Orientierung an der Preisstruktur benachbarter gastronomischer Betriebe) oder eine Niedrigpreisstrategie (z. B. bei Übernachtungsangeboten für direkte Angehörige, weil deren Präsenz im Interesse der Patienten und ggf. zur Entlastung des Personals erwünscht sein kann).

Aufgabe 10 (12 Punkte)

a) Marktsicherung bedeutet, seine Position am Markt, insbesondere den Marktanteil zu halten durch Maßnahmen zur Erhöhung der Kundenbindung und infolge dessen durch Steigerung des Durchschnittsumsatzes pro Kunde.

b) Z. B. Freundlichkeit – Verständnis – professionelle Ausstrahlung – Souveränität – Empathie – Gelassenheit – Aufmerksamkeit

c) Nicht in Form einer Beschwerde vorgetragene Unzufriedenheit führt zu einer Negativpropaganda, der man nicht gegensteuern kann. Dagegen bietet jede Beschwerde die Chance, den Beschwerdeführer durch geeignetes Verhalten nicht nur zu „neutralisieren", sondern sogar positiv zu stimmen – schon dadurch, dass er merkt, wie ernst seine Beschwerde genommen wird. Die Beschwerde ergibt die Chance, Schwachpunkte zu erkennen und abzustellen. Selbst objektiv unbegründete Beschwerden haben den Nutzen, damit die Wahrnehmung und Erwartungshaltung der Kunden besser kennenzulernen.

Aufgabe 11   **(12 Punkte)**

a) Ziele der PR-Arbeit

- Darstellung des Unternehmens
- Stärkung des öffentlichen Ansehens des Unternehmens
- Erhöhung des Bekanntheitsgrades des Unternehmens
- langfristige Meinungs- und Imagebildung
- Stärkung des Vertrauens der Kunden
- Stärkung des Vertrauens der Mitarbeiter
- Information über wichtige Belange des Unternehmens
- Information über betriebliche Aktivitäten im öffentlichen Interesse
- Stakeholder als Meinungsbildner und Multiplikatoren gewinnen

b) Instrumente der Öffentlichkeitsarbeit eines Krankenhauses

- Pressearbeit
- Tag der offenen Tür
- Ausstellungen

- medizinische Vorträge
- Patientenbefragungen
- Internet-Darstellung
- Nutzung von Facebook, Twitter und E-mail
- Diskussionsrunden
- wissenschaftliche Veröffentlichungen
- Entwicklung der internen Kommunikation

c) Merkmale eines attraktiven Unternehmens für Arbeitnehmer

- wirtschaftlich gesundes Unternehmen
- Größe des Unternehmens
- Bekanntheitsgrad des Unternehmens
- Leitbild
- Unternehmenspolitik
- Sicherheit der Arbeitsplätze
- Verdienstmöglichkeiten
- arbeitnehmerfreundliche Arbeitszeiten
- Fort- und Weiterbildungsmöglichkeiten

3.2.1.2 Aufgabenstellung 2
(Steuern von Qualitätsmanagementprozessen – Steuern und Überwachen betriebswirtschaftlicher Prozesse und Ressourcen – Führen und Entwickeln von Personal)

Aufgabe 1   **(10 Punkte)**

a) Geschäftsführung, Aufsichtsrat und Führungskräfte müssen von der Einführung eines QM-Systems überzeugt sein und es nachhaltig unterstützen.

Durch frühzeitige Information der Mitarbeiter und Einbeziehung des Mittelmanagement müssen mögliche Akzeptanzhemmnisse im Vorfeld beseitigt oder zumindest minimiert werden.

Generell sollte im ganzen Unternehmen die Bereitschaft zur Veränderung und die Fähigkeit zur objektiven selbstkritischen Analyse vorhanden sein.

b) Es kann ein gleichmäßiges Niveau der Arbeitsabläufe gesichert werden

- durch die Dokumentation der Abläufe werden Unsicherheiten beseitigt; Mitarbeiter wissen, was sie zu tun haben und sparen Zeit.
- Qualitätsbewusstsein und Qualitätssicherung können so nach außen kommuniziert werden.

Aufgabe 2   **(7 Punkte)**

a) Fehlermanagement:

Erkennen, Bewerten, Diagnose, Korrektur und Prävention von Fehlern.

Bewusster und offener Umgang mit Fehlern, um Fehler fördernde Prozesse und Strukturen erkennen und vermeiden zu können. Unter Einbindung aller Berufsgruppen eines Unternehmens kann eine positive Fehlerkultur geschaffen werden.

Fehleranalyse:

Eine Methode, um die Ursache von Fehlern zu erkennen, damit sie künftig vermieden werden.

Es wird dabei zwischen zwei Fehlerarten unterschieden, dem systematischen und dem zufälligen Fehler.

Geeignete Methoden der Fehleranalyse in der Pflege sind beispielsweise das Ishikawa-Diagramm, die Fehlersammelliste, die Fehlerbaumanalyse sowie die Fehlermöglichkeits- und Einflussanalyse.

- Ziele einer positiven Fehlerkultur im Krankenhaus
- Patientensicherheit erhöhen
- Fehler erkennen
- Fehler fördernde Prozesse und Strukturen erkennen
- Arbeitsabläufe und Strukturen verbessern
- Sicherstellen, dass Fehler und kritischen Ereignissen erkannt werden
- Fehlern vorbeugen
- Aus Fehlern und Beschwerden lernen

Aufgabe 3   **(9 Punkte)**

Patienten: z. B. Fragebögen bei Entlassung; mündliches Interview bei einem Entlassungsgespräch; Telefoninterviews einige Zeit nach der Entlassung.

Angehörige: Fragebogen nach Entlassung zusenden.

Einweisende Ärzte: indirekt über Anzahl der Einweisungen; direkt über Fragebogen, der zusammen mit den Patientenunterlagen an den Arzt geschickt wird.

Kostenträger: Telefoninterviews

Aufgabe 4 (8 Punkte)

Analysetechniken zum Beispiel ABC-Analyse, Szenario Technik, SWOT- Analyse, Portfolioanalyse, Benchmarking

Kontrollsysteme zum Beispiel Früherkennungssystem, Managementinformationssystem, Soll-ist-Analysen, Kostenrechnungssysteme, Benchmarking

Aufgabe 5 (11 Punkte)

a)

Aktiva		Passiva	
Anlagevermögen	28 000 000,00 €	Eigenkapital	10 600 000,00 €
Forderungen	5 000 000,00 €	Sonderposten	25 000 000,00 €
Liquide Mittel	3 000 000,00 €	Verbindlichkeiten	400 000,00 €
	36 000 000,00 €		36 000 000,00 €

b) Die Eigenkapitalquote errechnet sich aus dem Quotienten aus Eigenkapital und Bilanzsumme.

$$\frac{\text{Eigenkapital} \quad 10\,600\,000\,€}{\text{Bilanzsumme} \quad 36\,000\,000\,€} = 29,4\,\%$$

c) Krankenhausbuchführungsverordnung (KHBV)

d) Jahresüberschüsse werden im Eigenkapital nachgewiesen.

Jahresüberschüsse werden später (fast immer) in die Gewinn-rücklagen eingestellt und (in der Regel) für Investitionen ver-wendet, da die staatlichen Fördermittel für die notwendigen betrieblichen Investitionen nicht ausreichen.

Jahresfehlbeträge hätte der Träger der freigemeinnützigen Ein-richtungen auszugleichen. Das ist problematisch und kann dazu führen, dass ein permanent defizitäres Unternehmen privati-siert wird.

Aufgabe 6   **(8 Punkte)**

a) Durch die Einführung der DRGs und den allgemeinen wirtschaft-lichen Druck ist die Verweildauer der Patienten im Krankenhaus schneller zurück gegangen, als der Anstieg der Patientenzahlen.

Hinzu kommt, dass auch das „Verbraucherverhalten" der Pa-tienten und Ärzte verändert hat. So sind die Betten an den Arbeitswochentagen unverändert ausgelastet, während an den Wochenenden starke Rückgänge zu verzeichnen sind.

b) Der jährliche Auslastungsgrad der Betten wird wie folgt ermit-telt:

Ist-Belegungstage / Bettenzahl Klinik / 365 (366) Tage.

Der Auslastungsgrad kann aber auch für kürzere Zeiträume (z. B. einen Monat) und für einzelne Abteilungen errechnet werden:

Ist-Belegungstage / Bettenzahl Abteilung / 30 (28, 29, 31) Tage.

Die Belegung gilt als wichtiger Maßstab für die Investitionstätig-keit des Staates bei der Einzelförderung, da dabei noch immer eine 85 %-tige Belegung gewünscht wird. Außerdem wird an der Belegung „gemessen", ob vermeintliche Betten-Überkapazitäten oder ein Mangel an Betten vorliegen.

Zusammenfassend muss man aber auch feststellen, dass die Bedeutung der Kennzahl „Belegung" deutlich abgenommen hat und dafür die Patientenzahl und der Case Mix (Summe der Bewertungsrelationen) zunehmend im Mittelpunkt der Leistungsbewertung von Krankenhäusern stehen.

c) Belegungstage sind nach § 1 Abs. 7 der Vereinbarung zum Fallpauschalensystem für Krankenhäuser (FPV) der Aufnahmetag zur vollstationären Behandlung sowie jeder weitere Tag des Krankenhausaufenthaltes ohne den Verlegungs- oder Entlassungstag aus dem Krankenhaus. Wird eine Patientin/ein Patient am gleichen Tag verlegt oder entlassen, gilt dieser Tag als Aufnahmetag und wird als ein Belegungstag berücksichtigt.

Aufgabe 7 **(9 Punkte)**

a) Die beiden wesentlichen Kriterien für die Zuordnung einer Krankenhausleistung zu den DRG-Fallpauschalen sind die Hauptdiagnose und die durchgeführten Therapien (Prozeduren).

b) Das DRG-Entgelt ergibt sich aus der Multiplikation von Relativgewicht und Basisfallwert. – Ist die Verweildauer eines Patienten kürzer als die in der Fallpauschalenverordnung (FPV) angegebene untere Grenzverweildauer, wird für jeden nicht erbrachten Belegungstag ein tagesbezogener Punktabzug vom Relativgewicht vorgenommen. Ist die Verweildauer des Patienten dagegen länger als die sogenannte obere Grenzverweildauer, kann zusätzlich ein tagesbezogenes Entgelt abgerechnet werden.

$$0,800 \text{ (Relativgewicht)} \div 0,100 \text{ (Abzug)} = 0,700 \text{ Punkte}$$
$$\times \ 3000,00 \ € \text{ (BFW)} = 2100,00 \ €$$

Das DRG-Entgelt beläuft sich somit auf 2.100,00 €.

Aufgabe 8 (10 Punkte)

a) EBM = Einheitlicher Bewertungsmaßstab

GOÄ = Gebührenordnung für Ärzte

In der GOÄ und im EBM sind die abrechnungsfähigen Leistungen mit Punktwerten aufgeführt. Das Honorar ergibt sich, indem man diesen Punktwert mit einer Punktzahl multipliziert.

b) Die Punktwerte in der GOÄ stellen Mindestwerte dar. Bei aufwendigen Leistungen können diese Punktewerte bis zu folgenden Schwellenwerten mit einem Faktor von bis 2,3 für ärztliche Leistungen, 1,8 für medizinisch-technische Leistungen und 1,15 bei Laborleistungen erhöht abgerechnet werden. Als Höchstwerte für diese Leistungen belaufen sich die Faktoren auf 3,5 (für ärztliche Leistungen) 2,5 (für medizinisch-technische Leistungen) und 1,3 (für Laborleistungen). Die Überschreitung der Schwellenwerte muss begründet werden.

c) IGeL-Leistungen sind individuelle Gesundheitsleistungen für gesetzlich versicherte Patienten, die von den gesetzlichen Krankenkassen nicht erstattet werden.

Aufgabe 9 (6 Punkte)

a) Aufwendungen je Beköstigungstag:

500 000,00 € + 400 000,00 € = 900 000,00 € ÷ 85 000 Tage = 10,59 €/Tag

b) Einsparungsmöglichkeit bei Nutzung des externen Anbieters:

85 000 Tage × 10,00 € = 850 000,00 € ÷ 900 000,00 € (Aufwendungen alt)

Die mögliche Einsparung beläuft sich somit auf 50 000,00 €.

Aufgabe 10 (6 Punkte)

Das Unternehmensleitbild ist eine öffentliche Erklärung des Krankenhauses über Ziele, Aufgaben sowie Grundprinzipien.

Es soll den Mitarbeitern eine Orientierung über die Werte und Prinzipien des Hauses geben und damit zu einem engagierten und motivierten Verhalten beitragen. Auch der Öffentlichkeit soll es zeigen, wofür das Krankenhaus „steht".

Das Unternehmensleitbild muss gelebt werden und somit in Strategie und Handeln der Hauses und seiner Mitarbeiter sichtbar werden.

Aufgabe 11 (10 Punkte)

a) Die Freisetzung der Mitarbeiter in Krankenhäusern sollte vorrangig auf Basis der Personalfluktuation erfolgen, da in ärztlichen und pflegerischen Bereichen ein überdurchschnittlich hoher Personalwechsel zu verzeichnen ist. Auch sollten befristete Verträge im ärztlichen Dienst und im Pflegedienst nicht verlängert werden und ein vorübergehender Einstellungstopp erfolgen. Ferner müsste auch über Vorruhestandregelungen, Umsetzungen und eventuell notwendige Änderungskündigungen nachgedacht werden.

Führen diese Maßnahmen nicht zum Erfolg, sind betriebsbedingte Kündigungen notwendig.

b) Betriebsbedingte Kündigungen sollten möglichst vermieden werden. Ist das nicht möglich, sind die gesetzlichen Bestimmungen des Kündigungsgesetzes zu beachten. In unserem Beispiel wäre gemeinsam mit den Mitarbeitervertretern (Personalrat) ein Sozialplan zu vereinbaren. Bei der Auswahl der zu kündigenden Mitarbeiter müssen soziale Kriterien, wie Betriebszugehörigkeit, Lebensalter, Unterhaltspflichten und Schwerbehinderung, beachtet werden. Eine Auswahl nach Arbeitsleistung und Qualifikation ist nicht zulässig.

Aufgabe 12   **(6 Punkte)**

a) Informationen für den externen Bewerber:

- Tätigkeit, Aufgaben
- notwendige Voraussetzungen für die Tätigkeit
- Vergütung der Tätigkeit
- Darstellung des Unternehmens
- Möglichkeiten zur Fort- und Weiterbildung
- Leitbild des Unternehmens (Vision, Identity)
- Arbeitsatmosphäre im Unternehmen
- Möglichkeiten zur Vereinbarkeit von Beruf und Familie

b) Informationen für die vorhandenen Mitarbeiter:

- Leitbild des Unternehmens (Vision, Identity)
- Möglichkeiten zur Fort- und Weiterbildung
- Vergütungssystem
- zusätzliche Vergütungen (finanzielle Erfolgsbeteiligungen)
- soziale Leistungen des Unternehmens (Kindereinrichtung, Zusatzversorgung)

3.2.2 Aufgabensatz II

3.2.2.1 Aufgabenstellung 1
(Planen, Steuern und Organisieren betrieblicher Prozesse – Gestalten von Schnittstellen und Projekten – Planen und Durchführen von Marketingmaßnahmen)

Aufgabe 1   **(8 Punkte)**

a) Die Geschäftsfähigkeit ist im Bürgerlichen Gesetzbuch geregelt. Grundsätzlich wird die volle Geschäftsfähigkeit mit der Volljährigkeit (Vollendung des 18. Lebensjahres) erreicht.

Kinder sind bis zur Vollendung des 7. Lebensjahres geschäftsunfähig. Kinder und Jugendliche vom vollendeten 7. Lebensjahr an bis zur Volljährigkeit sind dagegen beschränkt geschäftsfähig, d. h., Geschäfte bedürfen der (nachträglichen) Zustimmung der Eltern oder des gesetzlichen Vertreters.

Im § 228 StGB ist die sogenannte „Einwilligung" in eine Körperverletzung geregelt, die auch in der stationären und ambulanten Heilbehandlung (z. B. bei einer notwendigen Operation) von Bedeutung ist: „Wer eine Körperverletzung mit Einwilligung der verletzten Person vornimmt, handelt nur dann rechtswidrig, wenn die Tat trotz der Einwilligung gegen die guten Sitten verstößt".

Daraus folgt, dass die Einwilligungsfähigkeit nicht mit der „Geschäftsfähigkeit" gleichzusetzen ist.

Entscheidend ist, dass der Einwilligende die Art, Bedeutung und Tragweite seiner Erklärung versteht und die Erklärung nicht „sittenwidrig" ist.

Das bedeutet beispielsweise, dass ein 16-jähriger Patient die Einwilligung zu einer ärztlichen Behandlung auch gegen den Willen der Eltern verbindlich erklären kann.

b) Auf der Grundlage der Regelungen des BGB (§ 630) wurde in 2013 das „Patientenrechtegesetz" mit folgenden Grundsätzen erlassen:

- Aufklärungspflicht der Ärzte gegenüber den Patienten über Art und Folgen jeder Form von Eingriffen
- Dokumentationspflicht aller wesentlichen Maßnahmen und Ergebnisse der Behandlung
- Informationspflicht der Ärzte über mögliche Behandlungsfehler
- Recht der Patienten auf Einsicht in die Patientenakte

Aufgabe 2 **(12 Punkte)**

a) Zusammensetzung des Gemeinsamen Bundesausschusses:

- Kassenärztliche Bundesvereinigung
- Deutsche Krankenhausgesellschaft
- Spitzenverband Bund der Krankenkassen

Aufgaben des Bundesausschusses:

Das Gremium entscheidet auf der Grundlage der Regelungen des SBG V über die Leistungen für gesetzlich versicherte Personen. Sie sollen ausreichend, zweckmäßig und wirtschaftlich sein. Der Bundesausschuss erlässt Richtlinien für stationäre, teilstationäre, ambulante und zahnärztliche Leistungen, die von den gesetzlichen Krankenkassen zu finanzieren sind.

b) Die Rheinklinik GmbH wird als „Plankrankenhaus" des Bundeslandes Nordrhein-Westfalen durch die Landeskrankenhausgesellschaft gegenüber den Krankenkassen und den Kassenärztlichen Vereinigungen vertreten.

Darüber hinaus wirken die Krankenhausgesellschaften bei der Entwicklung der DRG- und Zusatzentgelte, Entgelten für neue Untersuchungs- und Behandlungsmethoden und größeren Investitionsentscheidungen im Interesse der Krankenhäuser mit.

Aufgabe 3 (6 Punkte)

Zunächst konnte man bei dieser Neuregelung auf eine finanziellen Entlastung in 2015 von 0,9 Prozentpunkten (bei 4 000 € Bruttogehalt immerhin 36 €/Monat) hoffen. Tatsächlich aber erheben fast alle Kassen den neuen einkommensabhängigen Zusatzbeitrag. Einige Krankenkassen liegen mit ihrem Zusatzbeitrag weiterhin bei 0,9 Prozent, so dass sich für die Versicherten nichts ändert. Andere Kassen stehen finanziell gut da, so dass sie ihre Versicherten durch einen niedrigeren Zusatzbeitragssatz entlasten konnten. Wieder andere mussten ihren Zusatzbeitrag sogar erhöhen.

Arbeitnehmer haben ein Sonderkündigungsrecht und können die Kasse wechseln, wenn die Krankenkasse einen Zusatzbeitrag erhebt oder erhöht. Daraus ergibt sich die Aufgabe der Kassen, effizient zu arbeiten, Dienstleistungen anzubieten und die Zusatzbeiträge gering zu halten.

Aufgabe 4 (8 Punkte)

a) Die Kassenärztlichen Vereinigungen sind für die Umsetzung des Sicherstellungsauftrages im ambulanten Bereich zuständig.

b) Für eine Reihe von Arzneimitteln wurden Festbeträge festgelegt, bis zu deren Höhe die Krankenkassen die Kosten übernehmen.

Negativlisten sind Übersichten über Medikamente, die nicht von den Krankenkassen erstattet werden.

Die Aut-idem-Regelung beinhaltet die Verpflichtung der Apotheken, möglichst das jeweils preisgünstigste Medikament auszugeben.

Aufgabe 5 (6 Punkte)

Gesellschafter: Gesellschafter sind Personen oder Organisationen, die das Kapital einer GmbH finanzieren. Die Gesellschafter legen die Grundsätze der Unternehmenspolitik fest.

In GmbHs mit über 500 Beschäftigten ist ein Aufsichtsrat zu bilden. (Für gemeinnützige GmbHs mit sozialer Zielsetzung jedoch nicht obligatorisch) Die Aufgabe des Aufsichtsrats besteht darin, die Geschäftsführung zu kontrollieren und zu überwachen.

Aufgabe 6 (7 Punkte)

Das Gegenstrom-Verfahren bezweckt eine bessere Verbindung vorgegebener Ziele der Führungsebene („top-down") mit Erfahrungen nachgeordneter Instanzen durch entsprechende Rückmeldung („bottom-up"). Vorteil ist, dass durch die Vorgabe von oben der Gesamtzusammenhang zwischen den Zielen gegeben ist, durch die Konkretisierung und Rückmeldung von unten die Realisierbarkeit geprüft wird und die Akzeptanz steigt. Nachteile können sein Aufwand und Zeitbedarf des Verfahrens. Das Ergebnis wird häufig sein, dass die Konkretisierung von unten in der Summe wiederum zu höheren Budgets als „top-down" geplant führt und der Vorgang dann mit reduzierter Zielsetzung wiederholt werden muss.

Aufgabe 7 (9 Punkte)

Persönlichkeitskompetenz:

• Flexibilität
• übergreifende Sichtweise
• Distanzfähigkeit
• Reflexionsfähigkeit

Soziale Kompetenz:

- Zuverlässigkeit
- Gruppenorientierung
- Durchsetzungsfähigkeit
- Vertrauen

Methodische Kompetenz:

- Instrumenteneinsatz
- Beratung und Hilfen nutzen
- Vernetzung nutzen

Führungskompetenz:

- Führung beherrschen
- inhaltlich strukturieren können
- Delegationsfähigkeit
- Rollenverständnis

Aufgabe 8 **(9 Punkte)**

a) Umfang bzw. Zeitbedarf für Projektauftrag; Zeitrahmen für Fertigstellung; Projektorganisation, Ausmaß der Freistellung von anderen Aufgaben; erforderliche Kompetenzen; zu berücksichtigende Gruppen, Abteilungen; generell: „so viel wie nötig – so wenig wie möglich"

b) Rollen: Außenseiter – integrieren; Informelle Führer – kooperieren; Wichtigtuer – limitieren; Saboteure – isolieren; Verweigerer – delegieren.

Aufgabe 9   **(8 Punkte)**
Ansoff-Matrix

Produkt/Markt	Alt	Neu
Alt	Marktdurchdringung	Marktentwicklung
Neu	Produktentwicklung	Diversifikation

Marktdurchdringung = mit vorhandenem Produktprogramm Maximierung des Marktanteils; hier: Gewinnen weiterer Seniorenheime als Kunden

Marktentwicklung = Erschließung neuer Märkte (neue Regionen und/oder neue Zielgruppen) mit dem vorhandenen Produktprogramm; Gewinnen neuer Kunden aus anderen Bereichen, z. B. Mittagessen für Schulen, Betriebskantinen.

Produktentwicklung = auf bereits bearbeiteten Märkten Stärkung der Position durch Erweiterung des Produktprogramms; z. B. Angebot an Seniorenheime von Catering bei Veranstaltungen.

Diversifikation = Erschließung neuer Märkte mit neuen Produkten; z. B. Angebot von Kochkursen für die breite Öffentlichkeit.

Aufgabe 10   **(14 Punkte)**
a) Interne Klärung der Zuständigkeit für Verlautbarungen nach außen

- Betriebs- oder Abteilungsversammlungen zur ausführlichen Information der Mitarbeiter mit der Aufforderung, dies nach außen zu tragen
- Kontaktaufnahme mit der Redaktion, Vereinbarung eines Gesprächstermins
- Information der Öffentlichkeit durch Pressemeldungen und/oder PR-Anzeigen

- Rundschreiben an wichtige Partner, Träger, Sponsoren, um Schaden abzuwenden

b) Organisation eines internen Informationsmanagements; Sensibilisierung aller Informationsträger und Entscheider im eigenen Haus für die Bedeutung der Aufgabe; Schaffung einer regelmäßigen und interessanten internen Informationsbasis (Aushang; Mitarbeiterzeitschrift; Intranet); Herstellung eines persönlichen Kontakts zu den Personen bei den Medien

Aufgabe 11 **(10 Punkte)**

a) Primärforschung („field research") bedeutet die erstmalige Erhebung von Daten. Da dies einen erheblichen Aufwand an Zeit und Geld bedeutet, sollte zunächst durch die Sekundärforschung („desk research") versucht werden, die erforderlichen Informationen aus vorhandenem Datenmaterial (z. B. Branchendienste, Statistische Ämter, Fachzeitschriften, Verbände) zu gewinnen. Auf dieser Grundlage kann dann immer noch entschieden werden, ob überhaupt und wenn ja in welchem Umfang tatsächlich eine Primärforschung erforderlich ist.

b) Definition der anzustrebenden Ziele – Ableitung und Entwicklung dazu geeigneter Strategien – Planung der Umsetzung durch konkrete Maßnahmen auf den vier Feldern des Marketing –. Operative Umsetzung der geplanten Maßnahmen – Kontrolle des Erfolgs durch Soll-Ist-Vergleich und ggf. nach Auswertung dieser Daten Neu-Definition der Ziele usw.

3 Lösungen

3.2.2.2 Aufgabenstellung 2
(Steuern von Qualitätsmanagementprozessen – Steuern und Überwachen betriebswirtschaftlicher Prozesse und Ressourcen – Führen und Entwickeln von Personal)

Aufgabe 1 (10 Punkte)

a) Ein Qualitätszirkel sollte nicht mehr als maximal 6 Mitarbeiter umfassen; im gegebenen Fall sollten ihm eine Ökotrophologin, ein Vertreter der Leitung der Klinikkantine, ein Mitglied der Einkaufsabteilung, ein Kinder- oder Jugendarzt und ein Vertreter des Pflegepersonals der Abteilung angehören.

b) P = Plan = Definition der Aufgabenstellung; Ist-Analyse

D = Do = Erarbeiten von Lösungen, im gegebenen Fall Ernährungsplänen und zugehörigen Einkaufslisten

C = Check = Vorbereitung und Durchführung einer Erprobungswoche; Analyse dieser Testphase

A = Act = Definition und Verabschiedung eines endgültigen mittelfristigen Ernährungsplans für die Kinder und Jugendabteilung zur Genehmigung durch die Geschäftsführung

Aufgabe 2 (10 Punkte)

1. Regelmäßige, zum Beispiel wöchentliche Sichtung der eingegangenen Verbesserungsvorschläge.

2. Zeitnahe Rückmeldung an den Vorschlagenden, dass sein Vorschlag eingegangen ist und geprüft wird.

3. Benennung eines Verantwortlichen für die inhaltliche Prüfung des Vorschlags und Vereinbarung eines Abgabetermins für die Begutachtung.

4. Zwischenbescheid an den Vorschlagenden mit dem Ergebnis der inhaltlichen Prüfung und der Information über den weiteren Ablauf.

5. Wenn der Verbesserungsvorschlag positiv bewertet wird, wird er in einem Qualitätszirkel diskutiert, gegebenenfalls unter Einbeziehung des Vorschlagenden. Damit kann dann gleich die Umsetzung vorbereitet werden.

6. Ermittlung des aus dem Verbesserungsvorschlag resultierenden Vorteils, Vorschlag an die Geschäftsleitung für die Ausschüttung einer Prämie.

7. Implementierung der Veränderung; gegebenenfalls Klinik interne Information über den Vorgang zur Anregung für weitere aktive Beteiligung der Mitarbeiter am Vorschlagswesen.

Aufgabe 3   **(6 Punkte)**

a) Eingehende Beschwerden sind eine wichtige Informationsquelle: bei berechtigten Beschwerden für notwendige Verbesserungen, bei objektiv unberechtigten Beschwerden bzw. nicht abstellbaren Mängeln für notwendige Informationsmaßnahmen.

b) Zum Beispiel: Aufstellen eines Schreibpults im Aufenthaltsbereich mit geeigneten Fragebögen und Formularen; Informationstafeln nicht nur mit der Bitte, Anregungen und Hinweise weiterzugeben, sondern auch mit der Information über umgesetzte Hinweise.

Aufgabe 4   **(8 Punkte)**

a) Vier Körbe mit den Aufschriften:

   1. dringend und wichtig;

   2. dringend, aber unwichtig;

   3. nicht dringend, aber wichtig;

   4. nicht dringend und nicht wichtig.

b) Korb 1 bleibt auf dem Schreibtisch und wird selbst abgearbeitet;

   Korb 2 wird einem Mitarbeiter zur Bearbeitung gegeben;

   Korb 3 wird beiseite gestellt und kommt dran, wenn Korb 1 erledigt ist;

   Korb 4 ist der Papierkorb.

Aufgabe 5   **(8 Punkte)**

a) Duale Finanzierung:

Die Finanzierung des Krankenhauses erfolgt durch Bundesländer und Krankenkassen. Die Investitionskosten werden von den Bundesländern mit Steuermitteln und die Betriebskosten von den Krankenkassen mit Beitragsmitteln finanziert.

Mit der Übernahme der Investitionen durch den Staat wurden die Krankenkassen finanziell deutlich entlastet. Dagegen haben die Krankenkassen die Folgekosten aller Investitionsentscheidungen zu tragen – denn diese schlagen sich in den laufenden Kosten nieder.

b) Sonstige Finanzierungsmodelle:

Weitere Finanzierungssysteme sind das monistische und das triale Modell.

Bei der monistischen Finanzierung kommt das Geld für Investitionen und Betriebskosten von den Krankenkassen, sozusagen „aus einer Hand". Diese Regelung galt in Deutschland bis zum Inkrafttreten des KHG im Jahre 1972.

Bei der trialen Finanzierung finanzieren Bundesländer, Krankenkassen und Träger die Häuser.

Aufgabe 6   (8 Punkte)

Vereinbarter Casemix: Da sich aus Casemix und BFW das DRG-Budget ergibt, errechnet sich der vereinbarte Casemix aus der Division von DRG-Budget und BFW.

(Bemerkung: Casemix und CMI werden wie das Relativgewicht der DRGs immer mit drei Stellen nach dem Komma ausgewiesen).

Vereinbarter CMI:

$$39\,000\,000,00\,€\ (DRG\text{-}Budget)\ /\ 3\,000,00\,€\ (BFW)$$
$$=\ 13.000,000\ Punkte$$

$$13\,000,000\ Punkte\ /\ 14\,493\ DRG\text{-}Fälle\ =\ 0,897\ Punkte$$

Aufgabe 7   (8 Punkte)

a) Einnahmen des Krankenhauses (ohne Ausgleich):

   $13\,100,000$ (Casemix) $\times\ 3\,000,00\,€$ (BFW) $=\ 39\,300\,000,00\,€$

b) Ausgleich/Rückzahlung an die Kassen im Folgejahr:

Einnahmen der Klinik	39 300 000,00 €
Vereinbartes DRG-Budget	39 000 000,00 €
Mehreinnahmen	300 000,00 €

$$300\,000,00\,€\ (Mehreinnahmen)\ \times\ 65\,\%\ (Ausgleich)$$
$$=\ 195\,000,00\,€\ (Rückzahlung)$$

Aufgabe 8   (8 Punkte)

a) Zuordnung:

   - Auto Anlagegut
   - Spritzen Verbrauchsgut
   - Einweginstrumente Verbrauchsgut

- Ultraschallgerät Anlagegut
- Spezialmatratze Gebrauchsgut

b) Anlagegüter oder Investitionsgüter sind Beschaffungen, deren Wert 150 € übersteigt und die länger als drei Jahre halten.

Finanziert werden diese Beschaffungen aus Steuermitteln (Fördermittel) durch das zuständige Bundesland.

Die finanzielle Förderung erfolgt auf der Grundlage des Krankenhausfinanzierungsgesetzes (KHG) im Rahmen der sogenannten Einzelförderung (Förderung auf Antrag) und der Pauschalförderung (Förderung mit Pauschalen).

Gebrauchsgüter sind Beschaffungen mit einer durchschnittlichen Nutzungsdauer bis zu drei Jahren. Die Bezahlung erfolgt durch die Krankenkasse (Entgelte aus Pflegesätzen, Fallpauschalen, Sonderentgelten).

Verbrauchsgüter sind Wirtschaftsgüter, die bei Anwendung aufgebraucht oder unbrauchbar werden oder die ausschließlich von einem Patienten genutzt werden und üblicherweise bei ihm verbleiben. Die Bezahlung erfolgt durch die Krankenkasse (Entgelte aus Pflegesätzen, Fallpauschalen, Sonderentgelten).

Aufgabe 9 (8 Punkte)

a) Aufwendungen je Beköstigungstag bei Mitversorgung der Alteneinrichtung:

Kosten des Krankenhauses bisher	900 000,00 €
Sprungfixe Kosten	50 000,00 €
Zusätzliche variable Kosten	(30 000 × 5,00 €) 150 000,00 €

1 100 000,00 €

Beköstigungstage: 85 000 + 30 000 = 115 000
Aufwendungen je Beköstigungstag neu:
(1 100 000,00 € ∶ 115 000 Tage) =   9,57 €

b) Einsparungsmöglichkeit bei Mitversorgung der Alteneinrichtung:

Aufwendungen neu (bei 115 000 Beköstigungstagen)
                                                        1 100 000,00 €
Aufwendungen bisher (bei 85 000 Beköstigungstagen)
                                                          900 000,00 €

---

zusätzliche Aufwendungen somit   200 000,00 €
zusätzliche Einnahmen (30 000 Tage × 10,00 €/Tag)
                                                          300 000,00 €
Einsparung   100 000,00 €

Andere Berechnung:
zusätzliche Einnahmen (30 000 Tage × 10,00 €/Tag)
                                                          300 000,00 €
zusätzliche Aufwendungen (50 T€ + 150 T€)   200 000,00 €

Einsparung   100 000,00 €

Aufgabe 10   **(6 Punkte)**
a) Kennzahlen:

• Durchschnittsalter der Beschäftigen (hohes Durchschnittsalter, künftig erhöhter Personalbedarf)

- Anteil offener Schlüsselpositionen in der Pflege (viele offene Stellen – Marketing)
- Überstundenquote (Analyse der Ursachen, wie Krankheitsquote und Fehlzeitenquote)
- Bewerber je Ausbildungsplatz (Aktivierung der Gewinnung von Auszubildenden)

b) Eigenschaften von Kennzahlen:

- Kennzahlen sollten nutzbar sein
- Kennzahlen sollten objektiv sein
- Kennzahlen sollten in ihrer Entwicklung bewertet werden
- Kennzahlen sollten nicht isoliert betrachtet werden
- Kennzahlen sollten für Handlungsempfehlungen genutzt werden

Aufgabe 11   **(8 Punkte)**
a) Aufgaben der Ausbilder:

- Schaffen lernfördernder Bedingungen
- Herstellen einer motivierenden Lernkultur
- Organisation und Gestaltung der Probezeit
- Entwicklung betrieblicher Übungsaufgaben
- Auswahl und Einsatz geeigneter Methoden
- individuelle Unterstützung bei Lernproblemen
- Förderung auch der sozialen und persönlichen Entwicklung der Auszubildenden
- Bewertung von Leistungen

b) Fachliche Kompetenzen und Fähigkeiten der Ausbilder

- Fachkenntnisse

- Kostenbewusstsein
- Zielsetzung der Einrichtung
- Qualitätskenntnisse
- Arbeitsorganisation

Aufgabe 12 **(12 Punkte)**

a) Die medizin-technischen Innovationen im Gesundheitswesen, die Notwendigkeit wirtschaftlichen Handelns, die modernen Informationstechnologien, die steigenden Qualitätsanforderungen und die neuen Pflegesysteme erfordern eine ständige Aus- und Weiterbildung der Mitarbeiter in den Krankenhäusern und Pflegeeinrichtungen.

b) Ziele der Aus- und Weiterbildung:

- Integration neuer Erkenntnisse in den Pflegealltag
- Erhöhung der Leistungs- und Wettbewerbsfähigkeit des Unternehmens
- Verbesserung der Darstellung des Unternehmens in der Öffentlichkeit
- Erhöhung der Pflegequalität
- Steigerung der Flexibilität der Mitarbeiter
- Erhöhung der Mitarbeiterzufriedenheit
- Motivation der Mitarbeiter
- Verminderung der Fluktuation
- Minderung der Risiken am Arbeitsplatz

3.2.3 Aufgabensatz III

3.2.3.1 Aufgabenstellung 1
(Planen, Steuern und Organisieren betrieblicher Prozesse – Gestalten von Schnittstellen und Projekten – Planen und Durchführen von Marketingmaßnahmen)

Aufgabe 1 **(6 Punkte)**

Der Bund regelt grundsätzliche Angelegenheiten des Gesundheitswesens, wie z. B. die gesetzliche Krankenversicherung (Leistungsumfang, einheitliche Regelungen und gleiche Bedingungen der Leistungserbringung sowie deren Finanzierung).

Die Länder planen und finanzieren Investitionen im Gesundheitswesen, wie Krankenhäusern und Pflegeeinrichtungen, und überwachen die Selbstverwaltung der Krankenkassen und Kassenärztlichen Vereinigungen.

Aufgabe 2 **(8 Punkte)**

a) Krankenkassen:

- Allgemeine Ortskrankenkassen (AOK)
- Betriebskrankenkassen
- Landwirtschaftliche Krankenkassen
- Innungskrankenkassen
- Knappschaft
- Ersatzkassen

b) Aufgabe der gesetzlichen Krankenkassen ist es, die Gesundheit der versicherten Menschen zu erhalten und wiederherzustellen.

Dabei haben alle Menschen Anspruch auf gleiche Leistungen. Diese Leistungen sollen „ausreichend, zweckmäßig und wirtschaftlich" sein.

c) Ende des 19. Jahrhunderts wurden von Bismarck die Sozialversicherungen und damit die Krankenkassen eingeführt. Die Krankenkassen, die von Beginn an dabei waren, bezeichnet man als Primärkassen.

Neben den Primärkassen gab es zunächst sogenannte Hilfskassen. Diese wurden im Laufe der Zeit in Ersatzkassen umbenannt. Zu den Ersatzkassen gehören u. a. die Barmer EK, die DAK und die TK.

Aufgabe 3   **(8 Punkte)**

a) Geringere Beiträge; mehr Leistungen; bessere Leistungen; kürzere Wartezeiten; zuvorkommende Behandlung; Selbstwertgefühl.

b) Einkommen oberhalb der Pflichtversicherungsgrenze oder Selbständigkeit; auch Beamte können ohne Nachweis eines oberhalb der Pflichtversicherungsgrenze liegenden Einkommens wechseln.

c) Ein Wechsel zurück ist nur möglich, wenn das Jahreseinkommen unter die Pflichtversicherungsgrenze gefallen ist, z. B. durch Wechsel von einer Vollzeit- in eine Teilzeitbeschäftigung.

Aufgabe 4   **(8 Punkte)**

a) Alle niedergelassene Ärzte und Krankenhausärzte sind aufgefordert mitzuwirken, dass Krankenhausbehandlungen nur aus medizinischen Gründen vorgenommen und Belegungen der Krankenhäuser mit Patienten, die dieser Behandlung nicht bedürfen, vermieden werden.

Niedergelassene Ärzte haben dabei ausdrücklich zu prüfen, ob die Weiterbehandlung nicht auch durch einen anderen Vertragsarzt, einen ermächtigten Krankenhausarzt, eine Notfallpraxis oder Ambulanzen eines Krankenhauses erfolgen kann.

Der Grund hierfür ist eindeutig: Es sollen unnötige Kosten für die Krankenkassen vermieden werden. Ambulante Therapien sind in der Regel deutlich billiger als stationäre. Ein Beispiel: Eine ambulante Arthroskopie im Krankenhaus kostet etwa 300 €, eine stationäre (Abrechnung über DRGs) etwa 1 500 €.

Durch die Vermeidung unnötiger Kosten sollen die Krankenkassen unvermeidbare Kostensteigerungen – z. B. aus der medizinisch-technischen Entwicklung und der demografischen Entwicklung – kompensieren und die Beiträge zur Krankenversicherung stabilisieren. Und stabile Sozialbeiträge haben bekanntlich wesentliche Auswirkungen auf die Sicherung von Arbeitsplätzen und der Sozialsysteme.

b) Eine vorstationäre Behandlung im Krankenhaus dient der Klärung, ob eine stationäre Behandlung notwendig ist. Sie erfolgt ohne „Unterkunft und Verpflegung" und wird in der Regel nur dann mit einer Pauschale nach Fachabteilungen finanziert, wenn keine stationäre Aufnahme folgt.

Eine nachstationäre Behandlung kann erfolgen, wenn es notwendig ist, im Anschluss an eine stationäre Krankenhausbehandlung den Behandlungserfolg zu sichern oder zu festigen.

Die nachstationäre Behandlung ist ebenfalls ohne Unterkunft und Verpflegung, sollte in der Regel sieben Behandlungstermine nicht überschreiten und wird mit Behandlungssätzen pauschal abgerechnet.

Aufgabe 5 (10 Punkte)

a) Krankenhauskonzerne:

- Helios Kliniken/Fresenius
- Rhön-Klinikum

- Asklepios
- Sana Kliniken

b) Das Unternehmensziel der privaten gewerblichen Krankenhaus-konzerne und –betriebe ist es, die Behandlung der stationären Patienten so zu gestalten, dass die Einnahmen hieraus höher sind als die Aufwendungen dafür, das also Gewinne erzielt werden. Deshalb konzentrieren sich diese Unternehmen am Markt, an wirtschaftlichen Bereichen der Krankenversorgung und an gewinnorientierten Leistungen, wie z. B. die Behandlung von Selbstzahlern (Privatpatienten). Die privatwirtschaftlichen Unternehmen zeichnen sich ferner durch eine hohe Spezialisierung, schnelle Entscheidungswege und zeitnahe Umsetzung von Innovationen aus. Die Unternehmen sind i. d. R. nicht tarifgebunden oder haben Haustarife und ziehen damit qualifiziertes Personal an.

Vorrangiges Ziel der kommunalen und freigemeinnützigen Krankenhäuser ist dagegen die Erfüllung des gesetzlichen Versorgungsauftrages zur Behandlung der sozialversicherten Patienten. Die Träger dieser Einrichtungen sind i. d. R. gemeinnützig und haben keine Gewinnerzielungsabsicht. Gewinne und Gewinnrücklagen werden umgehend wieder in den betrieblichen Kreislauf zurückgeführt (in der Regel für Investitionen). Kommunale und freigemeinnützige Krankenhäuser haben oft eine komplexe Organisationsstruktur. Notwendige Veränderungen stoßen oft auf den Widerstand der Träger der Einrichtungen und der Mitarbeiter, so dass es immer wieder zu zeitlichen Verzögerungen und Kompromissen kommt. Die Unternehmen haben i. d. R. betriebswirtschaftliche Nachteile, da sie tarifgebunden sind.

Aufgabe 6 (8 Punkte)

Kernstück der Zusammenarbeit der Krankenhausärzte bei der Behandlung von Brustkrebs sind die regelmäßig stattfindenden interdisziplinären Tumorkonferenzen.

Dabei kommen die Gynäkologen mit Radiologen, Chirurgen und Anästhesisten sowie Psychoonkologen, Pflegepersonal und Sozialarbeitern sowie außerklinischen Behandlungspartnern zusammen, um gemeinsam über die einzelnen Fälle zu beraten und so eine optimale Betreuung von der Diagnose über die Therapie bis zur Nachsorge zu gewährleisten.

Dabei werden alle Behandlungsschritte leitliniengerecht, aber auch individuell, gemeinsam festgelegt.

Um als Brustzentrum anerkannt zu werden, war eine Zertifizierung notwendig.

Dabei waren die medizinisch-fachlichen Anforderungen der Deutschen Krebsgesellschaft als auch den Anforderungen aus der ISO Norm an ein Qualitätsmanagementsystem und an die Zusammenarbeit der einzelnen Berufsgruppen zu erfüllen

Aufgabe 7 (8 Punkte)

Phasen der Gruppendynamik:

- Orientierung (Forming): Erste Konfrontation mit Aufgabe und Begegnung mit Team
- Konflikt (Storming): Rangordnungskämpfe; Konflikte um Stellung, Kompetenzen, Ressourcen;
- Kooperation (Norming): Entwicklung gemeinsamer Normen und Werte, Herausbildung eines Wir-Gefühls;
- Integration (Performing): Konstruktive Lösung von Problemen, Fokussierung auf Projektaufgabe.

Aufgabe 8 **(10 Punkte)**

Auftraggeber: startet Projekt; entscheidet über Ressourcen; ist Adressat von Berichten

Projektleiter: verantwortlich gegenüber Auftraggeber; setzt die Ressourcen ein; organisiert, koordiniert, kontrolliert

Projektteam: ausführendes Organ; meist formelle Gruppe; evtl. wechselnde Zusammensetzungen

Aufgabe 9 **(10 Punkte)**

Der *Träger* will eine sparsame Verwendung der Mittel; effektive Erfüllung der Zweckbestimmung; gutes Ansehen in der Öffentlichkeit.

Die *Mitarbeiter* wünschen Sicherheit des Arbeitsplatzes; angenehmes Arbeitsklima; gute Arbeitsvoraussetzungen; Aufstiegsmöglichkeiten; Ansehen nach außen.

Patienten und Angehörige erwarten gute und kompetente ärztliche und pflegerische Leistungen, eine angenehme Atmosphäre; kostengünstige Zusatzleistungen; problemlose Informationsmöglichkeiten und nicht zuletzt eine freundliche Behandlung.

Lieferanten erwarten Aufträge und Umsätze; kontinuierliche Geschäftsbeziehungen; zuverlässige und pünktliche Zahlungen.

Die *Gemeinde* erwartet Sicherheit der Arbeitsplätze für die Einwohnern; Versorgung der Bürger mit den sozialen Leistungen; eine Erhöhung der Attraktivität der Gemeinde durch die soziale Einrichtung; Generierung von wirtschaftlichen Vorteilen durch Einpendler und Besucher.

3 Lösungen

Aufgabe 10   **(13 Punkte)**
a) Markterschließung bedeutet, sich neue Märkte zu schaffen. Dies
   kann durch neue Kundenbedürfnisse (z. B. Walking-Angebote),
   neue Zielgruppen (z. B. Frührentner), neue Angebote (z. B.
   Fitness-Tests) geschehen. Marktsicherung beinhaltet alle Maßnahmen zur Festigung und Verteidigung seiner Marktposition,
   insbesondere durch Kundenbindung (z. B. Kundenkarten).

b) Innovationsstrategie (Einführung neuer Angebote); Markenstra-
   tegie (Betonung von Qualität und Alleinstellungsmerkmalen
   zum Aufbau einer emotionalen Identifikation der Kunden); Strategie der Kostenführerschaft (als Voraussetzung für eine aggres-
   sive Preispolitik); Differenzierungsstrategie (Erweiterung der
   Angebotsbreite zur Ansprache zusätzlicher Zielgruppen).

Aufgabe 11   **(11 Punkte)**
Maßnahmen im Beschwerdemanagementprozess:
• Information der Kunden, dass das Unternehmen für Anregungen
  (Beschwerden) offen ist
• Organisation der Beschwerdeannahme
• Organisation der Beschwerdebearbeitung
• Positive Reaktion auf Beschwerden
• Auswertung der Beschwerden
• Informationsnutzung
• Reporting
• Controlling
• Organisation von Veränderungen

3.2.3.2 Aufgabenstellung 2
(Steuern von Qualitätsmanagementprozessen – Steuern und Überwachen betriebswirtschaftlicher Prozesse und Ressourcen – Führen und Entwickeln von Personal)

Aufgabe 1   **(6 Punkte)**

- Ermitteln der Erfordernisse und Erwartungen der Kunden (Patienten und Angehörige) und anderer interessierter Parteien (Stakeholder)
- Festlegen der Qualitätspolitik und der Qualitätsziele der Organisation
- Festlegen der erforderlichen Prozesse und der Verantwortlichkeiten
- Festlegen und Bereitstellen der erforderlichen Ressourcen zur Zielerreichung
- Einführen von Methoden, um Wirksamkeit und Effizienz jedes Prozesses zu messen
- Anwendung dieser Messung zur Ermittlung der aktuellen Wirksamkeit und Effizienz der einzelnen Prozesse
- Festlegen von Mitteln zur Verhinderung von Fehlern und zur Beseitigung der Fehlerursachen
- Anwenden eines Prozesses zur ständigen Verbesserung des QM-Systems

Aufgabe 2   **(12 Punkte)**
a) Aufgaben des Gemeinsamen Bundesausschusses (G-BA):

- Erlass von bundesweit verpflichtenden Maßnahmen zur Qualitätssicherung
- Förderung der Qualitätssicherung
- Qualitätsmanagement

- Festlegung von Mindestmengen
- Qualitätsprüfung und –bewertung der vertragsärztlichen Versorgung
- Kontrolle der Qualitätsberichte der Krankenhäuser
- Qualitätssicherung bei ambulanten Operationen im Krankenhaus
- Qualitätssicherung in der ambulanten Versorgung im Krankenhaus

b) Die Qualitätsberichte der Krankenhäuser sind jährlich neu zu erstellen.

c) Die Qualitätsberichte werden auf der Grundlage einer vom G-BA zur Verfügung gestellten Datenbank erstellt. Sie sind im Internet für alle Nutzer abrufbar und lesbar. Dazu sind über die jeweilige „Suchmaschine" der Name des Krankenhauses und der Begriff „Qualitätsbericht" einzugeben.

Aufgabe 3   **(9 Punkte)**

„Audit" bedeutet eine normierte (DIN ISO 19011), also standardisierte systematische Vorgehensweise zur Bewertung von Abläufen und Strukturen durch Analysen und Soll-Ist-Vergleiche. Im Fokus steht der exakt dokumentierte Nachweis, dass vorgegebene Kriterien eingehalten wurden. Ziel ist, die Leistungen zu erhalten oder zu verbessern.

Audit-Ziele:

- Qualitätsverbesserung der Resultate des betrieblichen Leistungsprozesses;
- Sicherstellen eines optimierten Ablaufs der Prozesse;
- stetige zuverlässige Erfüllung von Kundenanforderungen;

• stetige zuverlässige Einhaltung der aus einer Zertifizierung folgenden formalen Anforderungen.

Aufgabe 4 **(7 Punkte)**

Standardisierte Ermittlung der Ursachen für Entwicklungen, Abweichungen, Fehler. Nach Ishikawa in der Reihenfolge:

• Menschen
• Maschinen
• Material
• Methoden
• Milieu
• Messung
• Management

Aufgabe 5 **(12 Punkte)**

a) Rückstellungen sind zukünftige Verbindlichkeiten, die dem Grunde nach bestehen, aber noch nicht eingetreten sind. Sie können in der Höhe und hinsichtlich des Termins noch unbekannt sein.

Sonstige Verbindlichkeiten sind dagegen bereits eingetreten. Verbindlichkeiten sind der Höhe und der Art nach bekannt.

b) Die Auflösung der Rückstellung erfolgt bei Eintreten der Verbindlichkeit oder bei Wegfall der Verbindlichkeit.

ca) Die Klinik hat in diesem Fall eine Rückstellung zu bilden.

Die Ausgaben entstehen aufgrund einer gesetzlichen Verpflichtung zur Jahresabschlussprüfung. Die Prüfung bezieht sich auf die Geschäftätigkeit vor dem Abschlusstichtag. Damit ist eine Rückstellung für ungewisse Verbindlichkeiten zu bilden und die künftigen Ausgaben sind als Aufwand im alten Geschäftsjahr zu erfassen (Grundsatz der Periodenabgrenzung).

cb) Die Rückzahlverpflichtung aus dem Budgetausgleich ist als Verbindlichkeit im Jahresabschluss der Klinik zu erfassen und somit keine Rückstellung.

cc) Es handelt sich hierbei um eine unterlassene Instandsetzung, die innerhalb von drei Monaten im folgenden Geschäftsjahr nachgeholt wird. Deshalb ist für die voraussichtlichen Aufwendungen eine Aufwandsrückstellung wegen unterlassener Instandhaltung zu bilden.

Aufgabe 6 (8 Punkte)
Einzelförderung:

Die Einzelförderung ist die Bereitstellung von finanziellen Mitteln für die Beschaffung von Anlagegütern mit einer Nutzungsdauer über 15 Jahre.

Dazu zählen insbesondere Neubauten, Einbauten und Großgeräte.

In Sonderfällen können auch Anlagegüter mit einer Nutzungsdauer bis 15 Jahre mit Einzelfördermittel finanziert werden (z.B. Erstausstattung in Verbindung mit Neubauten).

Die Einzelförderung wird auf Antrag gewährt.

Pauschale Förderung:

Die pauschale Förderung erfolgt auf der Grundlage von Jahrespauschalen, die für die Wiederbeschaffung von kurzfristigen Anlagegütern (Nutzungsdauer 3 bis 15 Jahre) und kleine bauliche Maßnahmen bereitgestellt werden. Wesentliche Grundlage der Berechnung der Pauschalen Fördermittel ist der Casemix (Summe der Bewertungsrelationen) der behandelten stationären Fälle.

Aufgabe 7 (8 Punkte)
a) Wir unterscheiden ärztliche und nichtärztliche Wahlleistungen.

Ärztliche Wahlleistungen im Krankenhaus werden in Anspruch genommen, wenn zusätzlich zu den allgemeinen Krankenhausleistungen eine Behandlung durch einen Chefarzt gewünscht wird. Man spricht in diesem Fall von einem „Privatpatienten".

Privatpatienten können die ärztliche Wahlleistung nicht auf einzelne Ärzte oder bestimmte Leistungen begrenzen. Wenn ärztliche Wahlleistungen gewählt werden, gilt diese für alle ärztlichen Leistungen.

Nichtärztliche Wahlleistungen sind die Vereinbarung der Nutzung eines Einbett- oder Zweibettzimmers oder die Nutzung von Telefon, Fernsehen und Internet.

b) Der „normale" Privatpatient ist Mitglied einer privaten Krankenversicherung.

Die privaten Krankenkassen übernehmen – in der Regel – die zusätzlichen nichtärztlichen Wahlleistungen für die Nutzung von Ein- und Zweibettzimmern direkt auf Grundlage der Rechnung des Krankenhauses.

Die ärztlichen Wahlleistungen werden – in der Regel – von liquidationsberechtigten Chefärzten oder dem Krankenhaus gesondert an die Patienten berechnet. Die Patienten reichen diese Rechnungen dann bei der privaten Krankenkasse ein und bekommen die Rechnungsbeträge erstattet.

Bei beihilfeberechtigte Patienten teilen sich Krankenkassen und Beihilfe die Aufwendungen für die Wahlleistungen.

Die nichtärztlichen Wahlleistungen Telefon, Fernsehen und Internet werden dem Patienten berechnet und sind von diesem zu finanzieren.

Sind Patienten nicht versichert, müssen die Aufwendungen für Wahlleistungen vom Patienten getragen werden.

3 Lösungen

Aufgabe 8 (10 Punkte)

a) Sollbelegungstage   300 Betten × 365 Tage =   109 500 BT

b) Anzahl der benötigten Mittagessen   109 500 BT × 75 % = 82 125 Essen

c) Kosten je Mittagessen bei Ist-Belegung

Personalkosten: 250 000 € ∶ 82 125 Essen   =   3,04 € (gerundet)

Sachkosten: 2,00 €

5,04 €

d) Kosten je Mittagessen bei Soll-Belegung

Personalkosten: 250 000 € ∶ 109 500 Essen   =   2,28 € (gerundet)

Sachkosten: 2,00 €

4,28 €

Aufgabe 9 (6 Punkte)

Patient:

- Anzeige des Behandlungsfehlers und seiner Folgen beim Arzt oder Krankenhaus
- Forderung auf Schadenersatz für notwendige Heilbehandlungen und Schmerzensgeld
- eigene Krankenversicherung über die Anzeige informieren
- bei Bedarf: Beauftragung eines Rechtsanwaltes
- bei Bedarf: Beauftragung eines (Gegen-) Gutachters
- bei Bedarf: zivilrechtliche Klage und strafrechtliche Anzeige

Krankenhaus:

- Bestätigung des Eingangs der Anzeige des Behandlungsfehlers
- Weiterleitung der Anzeige an die Haftpflichtversicherung
- Stellungnahme des behandelnden Arztes an die Versicherung
- Überlassung der Behandlungsunterlagen an die Versicherung (nur mit Einwilligung des Patienten)

Aufgabe 10   **(6 Punkte)**
Zusätzliche Kriterien für die Bemessung des Personalbedarfs in der Pflege:

- Überwachungspflichtige Patienten
- Dekubitusfälle
- Isolations- und Infektionsfälle
- Patientenkritiken
- Mitarbeiterzufriedenheit
- Urlaub, Überstunden, Krankheitsrate

Aufgabe 11   **(8 Punkte)**
a) Vorteile eines Assessment-Centers für das Krankenhaus:

- eingehende Durchleuchtung der Bewerber
- optimale Beurteilungsmöglichkeit der Bewerber
- Einstellung der richtigen Mitarbeiter
- Vermeidung von Fehlern bei der Auswahl des Personals
- Kosteneinsparungen durch die Einstellung der richtigen Mitarbeiter

b) Formen der Personalauswahl eines Assessment-Center:

- Postkorbübung
- Rollenspiel

- Gruppendiskussionen
- Interview
- Fallstudien
- Präsentation
- schriftliche Übungen

Aufgabe 12   **(8 Punkte)**
Fortbildungen:
- Praxisanleitung
- Wund- und Stomaversorgung
- Nicht-invasive Beatmung
- Notfallversorgung
- Überwachung
Weiterbildungen:
- Stationsleitungskurs
- Intensivpflegeausbildung
- Anästhesiepflegeausbildung
- Onkologische Fachpflege
- Assistenz in der Sterilisation
- OP-Pflege Ausbildung

3.2.4 Aufgabensatz IV

3.2.4.1 Aufgabenstellung 1
(Planen, Steuern und Organisieren betrieblicher Prozesse – Gestalten von Schnittstellen und Projekten – Planen und Durchführen von Marketingmaßnahmen)

Aufgabe 1   **(10 Punkte)**
a) Ziele der Gesundheitspolitik:

- Versorgung unabhängig von Einkommen und Vermögen.
- Förderung der Vorsorge
- Sicherung der Würde und der Selbstbestimmung der Menschen
- Effektivität und Wirtschaftlichkeit
- Patientenzufriedenheit
- gute Arbeitsbedingungen

b) Subsidiaritätsprinzip: Dieses Prinzip besagt, dass jeder Einzelne zunächst für sich selbst verantwortlich ist. Nur dort, wo die Möglichkeiten des Einzelnen bzw. einer kleinen Gruppe wie Familie oder Gemeinde nicht ausreichen, die Aufgaben der Daseinsvorsorge zu lösen, soll der Staat eingreifen.

Solidaritätsprinzip: Die Leistungen aus den Sozialversicherungen sind für alle Versicherten gleich und unabhängig vom eigenen Beitrag zu diesen Versicherungen. Familienangehörige sind beitragsfrei mitversichert. Der Beitrag des Einzelnen entspricht der wirtschaftlichen Leistungsfähigkeit und ist einkommensabhängig, das bedeutet, wer mehr verdient, zahlt mehr. Anders als in der privaten Krankenversicherung ist dabei das persönliche Krankheits- oder Pflegerisiko, wie Alter, Geschlecht und Gesundheitszustand, unerheblich.

- Staatliche Regelungen zur Sicherung des Sozialstaatsprinzips im Gesundheitswesen:
- Jede Person, die in Deutschland lebt, muss privat oder gesetzlich krankenversichert sein.
- Der Versicherungsschutz muss eine ausreichende, zweckmäßige und wirtschaftliche medizinische und pflegerische Behandlung sichern.
- Es gilt dabei der Grundsatz „ambulant vor stationär".
- Der Bundesstaat und die Bundesländer haben die Versorgung der Bevölkerung mit Gesundheitsleistungen sicherzustellen.
- Der Staat kann sich dabei planwirtschaftlicher Elemente (wie die Krankenhauspläne der Bundesländer) bedienen.

Aufgabe 2   **(8 Punkte)**

a) Kriterien:

- Anzahl der Mitglieder
- Morbidität (Gesundheitszustand) der Mitglieder
- Altersstruktur der Mitglieder

b) Krankenkassen, die mit den aus dem Gesundheitsfonds zugewiesenen Mitteln nicht auskommen, müssen ihren Versicherten einen zusätzlichen Betrag in Rechnung stellen. Dieser ist auf 1 % der beitragspflichtigen Einnahmen des Versicherten begrenzt und ist ausschließlich von den Arbeitnehmern aufzubringen. Mit Beschluss der Koalitionspartner entfällt dieser Zusatzbeitrag ab 2015.

c) Die Festlegung, die Arbeitgeber künftig nicht zusätzlich zu belasten, ist aus wirtschaftlicher Sicht grundsätzlich richtig. Gilt es doch die Lohnnebenkosten zu begrenzen und somit die Arbeitsplätze zu sichern. Es ist aber davon auszugehen, dass die Kosten im Gesundheitswesen durch den wissenschaftlichen Fortschritt und die demografische Entwicklung der Gesellschaft weiter überdurchschnittlich steigen. Die Umsetzung der hieraus resultierenden einseitigen Belastung der Arbeitnehmer mit diesen Mehrkosten wird (politisch) spannend.

Aufgabe 3 (8 Punkte)
a) Kriterien der WHO:

- Gesundheitsniveau der Bevölkerung
- Kundenorientierung
- Selbstbestimmung und Würde der Patienten
- Datenschutz
- Verteilung der finanziellen Lasten

b) Arzneimittel bedürfen in Deutschland nach dem Arzneimittelgesetz der Zulassung. Die Zuständigkeit für die Herstellung ist in jedem Bundesland getrennt geregelt.

Die Zulassung für den Verkauf erfolgt durch ein Bundesinstitut als nationale Zulassungsbehörde. Auch für Arzneimittel von Herstellern aus anderen Mitgliedsländern des Binnenmarktes muss bei diesem Bundesinstitut die Zulassung beantragt werden. Es ist jedoch vereinbart, dass die bereits in einem anderen EU-Mitgliedsstaat erteilte Zulassung grundsätzlich anzuerkennen ist. Insofern besteht zwar nach wie vor die Voraussetzung einer nationalen Genehmigung, das Verfahren ist jedoch inhaltlich vereinfacht.

Aufgabe 4 (8 Punkte)
a) Kernprozesse sind alle Aktionen eines Unternehmens, die unmittelbar dem Unternehmenszweck, der Wertschöpfung und

der Erfüllung der Kundenwünsche dienen. Im Krankenhaus sind dies beispielsweise die Diagnose und Therapie von Erkrankungen. Beispielsweise zählen auch die Aufnahme und Entlassung sowie die Erstellung und Versand von Arztbriefen zu den Kernprozessen.

Unterstützungsprozesse sind alle internen und externen Dienstleistungen zur Unterstützung der Kernleistungen. Im Krankenhaus sind dies beispielsweise die Reinigung, Verpflegung und der Service.

b) Optimierung eines Kernprozesses am Beispiel Erstellung und Versand der Arztbriefe mithilfe des Managementregelkreises.

Ziel: im Sinne einer guten Zusammenarbeit mit den einweisenden Ärzten sollen alle Arztbriefe 24 Stunden nach der Entlassung des Patienten erstellt und versandt sein.

Plan: Optimierung der Dienstplangestaltung analog zu den Entlassungszahlen (Schwerpunkt Freitag) und Entwicklung von Arztbriefstandards

Entscheidung: Entwicklung und Festlegung neuer Arbeitszeiten und Arztbriefstandards unter Mitwirkung der betroffenen Mitarbeiter

Durchführung: Umsetzung der Festlegungen

Kontrolle: telefonische Stichprobenprüfung bei den Einweisern zum Eingang der Arztbriefe

Aufgabe 5   **(6 Punkte)**

a) Die Krankenhausbehandlung beinhaltet alle Leistungen, die für die medizinische Versorgung der Patienten im Krankenhaus notwendig sind:

Ärztliche Behandlung, Pflege, Versorgung mit Medikamenten, Heil- und Hilfsmitteln sowie Unterkunft und Verpflegung.

Die Krankenhausleistungen werden vollstationär, teilstationär, vor- und nachstationär sowie ambulant erbracht.

b) Die Krankenhausaufnahme erfolgt – in der Regel – auf der Grundlage einer Überweisung durch die niedergelassenen Ärzte. Über die stationäre Aufnahme und die Art der Behandlung entscheidet der zuständige Arzt des Krankenhauses. Er hat dabei zu prüfen, ob eine stationäre Behandlung notwendig ist.

Aufgabe 6 **(8 Punkte)**

a) Schnittstellen sind verwaltungstechnische oder physische Verbindungs- oder Trennstellen (Nahtstellen) zwischen Organisationseinheiten innerhalb eines Unternehmens (interne Schnittstellen) oder zwischen Unternehmen und Personen (externe Schnittstellen), die im Rahmen der Arbeitsteilung und Zusammenarbeit entstehen.

b) Gestaltung von Schnittstellen-Checklisten:

- Information über den Entlassungsbericht
- Information über Medikamentengabe
- Information über bereits begonnene Therapien
- Vorschläge für weiterführende Therapien
- Vorschläge zur Versorgung mit Heil- und Hilfsmittel
- Absprachen mit dem Hausarzt
- Absprachen mit den Angehörigen
- Absprachen mit der Kranken- und Pflegekasse
- Absprachen mit der Physio- und Ergotherapie

Aufgabe 7 **(12 Punkte)**

a) Reine Projektorganisation: Freistellung der Projekt-Mitarbeiter, Weisungsbefugnis des Projektleiters für die gesamte Projektdauer.

Vorteile: Volle Konzentration auf das Projekt, keine Konflikte über personelle Ressourcen mit der Linienorganisation.

Nachteile: auf Dauer Isolierung des Teams und seiner Mitglieder, Probleme der Re-Integration nach Projektabschluss, Ersatz für die Projektdauer in der Linienorganisation.

Stab-Projektorganisation: rein beratende und eingeschränkt koordinierende Funktion einer Stabsstelle der Geschäftsführung als Projektmanagement, Entsenden von Mitarbeitern aus den Abteilungen in der Linienorganisation als Zusatzaufgabe.

Vorteile: keine organisatorischen Einschnitte, Linienfunktionen bleiben weit gehend unbeeinträchtigt.

Nachteile: geringe Eingriffsmöglichkeiten des Projektleiters, Gefahr der Zurückstellung von Projektarbeiten hinter Routineaufgaben.

Matrix-Projekt-Organisation: fachlich uneingeschränkte Verantwortung der Projektleitung, disziplinarische Befugnis jedoch weiter in der Linie, eventuell teilweise Freistellung der Mitarbeiter des Teams von Aufgaben in der Linie.

Vorteile: Integration von Spezialisten in Projektteam ohne Verlust des Kontakts in die Linie.

Nachteile: Konfliktpotenzial zwischen Projektleitung und Linieninstanzen.

b) Entscheidungskriterien für Wahl der Organisationsform:

- Größe des Projekts;
- Projektdauer;
- Komplexität des Projekts;
- Struktur des Projektteams;
- Bedeutung des Projekts für das Unternehmen;

• evtl. vorhandener Zeitdruck für das Erreichen von Zielen.

Aufgabe 8 (6 Punkte)
• fehlerhafte/unrealistische Zielsetzung;
• unzureichende Mittel/Zeit;
• unzureichende Kompetenzen der Projektleitung;
• unklare Verantwortlichkeiten;
• fehlende Akzeptanz seitens der Mitarbeiter;
• Überforderung (inhaltlich/zeitlich) von Mitgliedern;
• Einflussnahmen von außen/oben;
• Belastung anderer Mitarbeiter durch Freistellungen;
• ungenügende Kontrolle während des Projekts;
• fehlende Objektivität in Beurteilungen;
• Widerstände aus Angst vor Veränderungen;
• Probleme der Re-Integration nach Projektende.

Aufgabe 9 (10 Punkte)
a) „Social Marketing" ist kennzeichnend für „Non-profit"-Organisationen, also für gemeinnützige Organisationen, während „Business Marketing" die Marketing-Aktivitäten von (kommerziellen) Unternehmen bezeichnet, die in einer Marktwirtschaft gewinnorientiert arbeiten.

b) Dementsprechend zielt Social Marketing in erster Linie auf die Förderung gesellschaftlicher Interessen, während das Business Marketing stets dem Erwerbsinteresse dient.

Aufgabe 10 (15 Punkte)
Die Vier-Felder-Matrix, auch Marktanteils- und Marktwachstums-Portfolio genannt, ist die Darstellung der Produkte bzw. Produkt-

gruppen des Unternehmens in einem Koordinatensystem aus Relativem Marktanteil (Abszisse) und Marktwachstum (Ordinate). Der relative Marktanteil errechnet sich aus dem Verhältnis des eigenen Marktanteils zum Anteil des stärksten Konkurrenten. Das Marktwachstum zeigt die Umweltbedingungen auf und gibt das Soll-Wachstum für das Unternehmen vor.

Marktwachstum > Schnitt	Question Marks	Stars
Marktwachstum < Schnitt	Dogs	Cash Cows
	Marktanteil niedrig	Marktanteil hoch

Question Marks (Fragezeichen; Einführungs- oder Wachstumsphase): entweder investieren, um den Marktanteil zu erhöhen, oder zurückziehen

Stars (Sterne; Wachstumsphase): investieren, um Position zu entwickeln bzw. zu verteidigen

Cash Cows (Milchkühe; Reife- oder Sättigungsphase): nur Erhaltungsinvestitionen; Gewinn abschöpfen zur Finanzierung der anderen

Poor Dogs (arme Hunde; Sättigungs- oder Degenerationsphase): entweder eliminieren oder bei positivem Deckungsbeitrag oder wegen Synergieeffekten mit anderen Produkten oder aus Imagegründen am Leben halten.

Aufgabe 11   **(9 Punkte)**

a) Eine Spende ist eine Zuwendung (Geld- oder Sachleistung), die freiwillig und ohne Anspruch auf Gegenleistung erfolgt.

b) „Fundraising" bedeutet im Wesentlichen die aktive und systematische Förderung der Spendentätigkeit.

c) Inhalt eines Fundraising-Konzepts:

- Ist-Analyse (Ermittlung möglicher Spender)
- Ziel (Gewinnung von Groß- und Kleinspendern)
- Strategie (Öffentlichkeitsarbeit, direkte Ansprache der möglichen Spender)
- Maßnahmen (Pressearbeit, Benefizveranstaltungen, Brief- und Mailaktionen)
- Controlling (Prüfen der Spendeneingänge, Prüfung der Einhaltung des Konzeptes)

3 Lösungen

3.2.4.2 Aufgabenstellung 2

(Steuern von Qualitätsmanagementprozessen – Steuern und Überwachen betriebswirtschaftlicher Prozesse und Ressourcen – Führen und Entwickeln von Personal)

Aufgabe 1 (8 Punkte)

a) Plan einer Verbesserung

Durchführung

Check ist gleich Erfolgskontrolle

ACT! gleich Fixierung und Auswertung für einen neuen Plan

b) Durch die stete Rückkopplung und den zyklischen Charakter sorgt diese Methode für einen Prozess kontinuierlicher Verbesserung und kann damit entscheidend dazu beitragen, Erstarrung und Festhalten an nicht mehr effektiven Regelungen zu verhindern.

Aufgabe 2 (8 Punkte)

Dokumentation muss enthalten:

- Qualitätspolitik und -ziele;
- QM-Handbuch;
- QM-Verfahren;
- Dokumente zur Sicherstellung der Planung, Durchführung und Lenkung der Prozesse;
- laufende Aufzeichnungen des QM.

Das QM-Handbuch muss stets aktualisiert werden incl. der Dokumentation von Änderungen mit deren Zeitpunkt.

Aufgabe 3   **(8 Punkte)**

a) Aufgaben zur Vorbereitung des Workshops:

- Termine in Abstimmung mit der Geschäftsführung und der Pflegedirektion festlegen
- Teilnehmerkreis bestimmen
- Raum, Technik und Material sicherstellen
- Referenten koordinieren

b) Planung des Ablaufs des Workshops:

- Teilnehmer begrüßen und über Ziel und Ablauf des Workshops informieren
- Über Fehlermanagement und Fehlerkultur im Unternehmen berichten
- Instrumente der Fehlererfassung und –analyse erläutern
- Vorschläge zur Organisation der Fehlererfassung, –analyse und zur Fehlervermeidung erarbeiten
- Vorschläge der Mitarbeiter bewerten
- Ergebnis des Workshops festhalten und auswerten
- Teilnehmer verabschieden

Aufgabe 4   **(10 Punkte)**

a) Pareto-Prinzip (auch: 80/20-Regel) – Dahinter steht die Erkenntnis, dass ca. 80 % aller Ereignisse aus 20 % der Ursachen entspringen. 80 % der Aufgaben werden in 20 % der Arbeitszeit erledigt. Folgerung: Wege suchen, die 20 % der Aufgaben mit 80 % des Zeitbedarfs zu reduzieren.

ABC-Analyse

Erweiterung des Pareto-Prinzips auf drei Kategorien, z. B. A-, B- und C-Kunden. 20 % der Kunden bringen 80 % Umsatz, 30 % weitere 15 % und die restlichen 50 % nur noch 5 %.

b) Am Ergebnis gemessen bringen 15 % der Arbeit 65 % des Ergebnisses (Kat. A), 20 % weitere 20 % (Kat. B) und die restlichen 65 % nur 15 % (Kat. C).

Folgerung:

A = sehr wichtig; erledigen

B = wichtig; zur Not delegieren und kontrollieren

C = unwichtig; delegieren, reduzieren

Aufgabe 5   **(10 Punkte)**

Die Deckungsbeitragsrechnung ist ein Verfahren der Kosten- und Leistungsrechnung zur Ermittlung der Erfolgsermittlung (Betriebsergebnis) und/oder der Angebotskalkulation (Preis).

Es wird zwischen der einstufigen und der mehrstufigen Deckungsbeitragsrechnung unterschieden.

Bei der einstufigen Deckungsbeitragsrechnung werden zunächst die einzelnen Deckungsbeiträge der verschiedenen Produkte des Unternehmens ermittelt, indem man die Umsatzerlöse um die jeweils variablen Kosten mindert. Von der Summe dieser Deckungsbeiträge werden die fixen Kosten in einem Arbeitsschritt abgezogen. So ermittelt man das Betriebsergebnis.

Bei der mehrstufigen Deckungsbeitragsrechnung werden die Fixkosten z. B. in Produkt-, Artikel-, Gruppen-, Bereichs-, und Unternehmensfixkosten unterteilt und in einzelnen Schritten (Stufen) vom Deckungsbeitrag abgezogen. So kann man z. B. Warengruppen- oder Abteilungsdeckungsbeiträge ermitteln.

Aufgabe 6 (5 Punkte)

Kommunale und gemeinnützige Einrichtungen des Gesundheitswesens erhalten für bestimmte Investitionen Fördermittel. In der Krankenhausfinanzierung wird dabei zwischen Einzel- und Pauschalförderung unterschieden.

Die Anschaffungskosten dieser Anlagegüter werden im Anlagevermögen „aktiviert" und in gleicher Höhe als Sonderposten aus Zuweisungen der öffentlichen Hand „passiviert".

Die jährlichen Abschreibungen dieser Anlagegüter mindern nicht nur den Wert des Anlagevermögens, sondern gleichzeitig auch den Wert des Sonderpostens.

Diese Abschreibungen sind somit „ergebnisneutral" und belasten nicht das Ergebnis der gewinn- und Verlustrechnung.

Aufgabe 7 (10 Punkte)

a) Einnahmen des Krankenhauses (ohne Ausgleich):

10 000 Patienten × 0,900 (CMI) = 9 000,000 CM-Punkte

9 000,000 (CM) × 3 000,00 € (BFW) = 27 000 000,00 €

b) Budgetausgleiche im Folgejahr:

Vereinbartes DRG-Budget	30 000 000,00 €
Einnahmen der Klinik	27 000 000,00 €

Mindereinnahmen	⁒ 3 000 000,00 €

3 000 000,00 € (Mindereinnahmen) × 20 % (Ausgleich) = 600 000,00 € (Nachzahlung im Folgejahr von den Krankenkassen an das Krankenhaus)

c) Einnahmen lt. GuV:

27 000 000,00 € + 600 000,00 € (Nachzahlung) = 27 600 000,00 €

Aufgabe 8   **(6 Punkte)**

Aufwendungen der Röntgenabteilung:

200 000,00 € + 350 000,00 € + 400 000,00 €   = 950 000,00 €

Kostenanteil der Chirurgischen Abteilung davon:

40 % von 950 000,00 €   = 380 000,00 €

Aufgabe 9   **(9 Punkte)**

a) Ziel der Finanzplanung ist die Festlegung von Ausgaben für einen bestimmten Zeitraum (in der Regel ein Jahr) und des dafür notwendigen Finanzmittelbedarfs.

b) Die Finanzplanung im Krankenhaus ist eng verzahnt mit der GuV-Planung (Aufstellung der voraussichtlichen Aufwendungen und Erträge), der Kapitalflussrechnung (Liquidität, Cash Flow), dem Investitionsplan (Übersicht über geplanten Beschaffungen) und dem Stellenplan (Personalkosten, Mitarbeiterzahlen).

c) Die externe Budgetierung beschreibt die Planung und Realisierung der Entgelte, die beispielsweise einem Krankenhaus zur Verfügung gestellt werden.

Über 90 % der Einnahmen eines Krankenhauses entfallen auf Entgelte, die Krankenkassen für die stationäre Versorgung zahlen.

Grundlage hierfür sind die jährlichen Budgetvereinbarungen.

Die interne Budgetierung ist das „Herunterbrechen" der betrieblichen Ziele und geplanten Aufwendungen auf die einzelnen Leistungsbereiche eines Krankenhauses.

Beispiele für die interne Budgetierung sind Personal- und Sachkostenbudgets:

- für die einzelnen medizinischen Fachabteilungen
- für die Pflege

- für die Küche
- für den Technischen Dienst

Ziele der internen Budgetierung:

- Optimale Patientenversorgung
- Effektivität der Mittelverwendung
- Übergabe/Übernahme von Verantwortung
- Motivation
- Koordination

Aufgabe 10 (8 Punkte)
a) Berechnung der jährlichen Gesamtkosten:

- Aufwendungen für Personalkosten/Jahr 400 000,00 €
- Aufwendungen für Abschreibungen/Jahr
  4 000 000 € ∻ 8 Jahre 500 000,00 €
- Sonstige Aufwendungen
  10 000 000 Punkte × 0,02 € 200 000,00 €

_____

1 100 000,00 €

b) Berechnung der Aufwendungen pro Leistungspunkt:
1 100 000,00 € ∻ 10 000 000 Punkte = 0,11 €

Aufgabe 11 (6 Punkte)
Autoritärer Führungsstil:

Entscheidungen durch den Vorgesetzten ohne Rücksprache und ohne Begründung.

Geeignet in Funktionsbereichen ohne hohe Anforderungen an Flexibilität und Kreativität wie z. B. Durchführung von Buchungen,

Eingabe von Daten, bei unmotivierten und/oder unqualifizierten Mitarbeitern, bei besonderer Bedeutung einer exakten Erfüllung von Zeit- oder Qualitätsvorgaben.

Patriarchalischer Führungsstil:

Spezielle Ausprägung des autoritären Führungsstils, bei der die besondere Rolle eines charismatischen alleinigen Chefs hinzukommt, der als fürsorglich wahrgenommen wird.

Kooperativer Führungsstil:

Entscheidungen durch den Vorgesetzten nach Rücksprache mit den betroffenen Mitarbeitern und argumentative Information über Entscheidungen, um die Einhaltung aus Überzeugung zu erreichen.

Geeignet in Funktionsbereichen mit höheren Ansprüchen an Flexibilität und Kreativität und bei motivierbaren und kompetenten Mitarbeitern.

„Laissez-faire" Führungsstil:

Genau genommen kein „Führungsstil", sondern das Ausbleiben von Führung durch den Vorgesetzten.

Einziger Vorteil: kreative und engagierte Mitarbeiter können sich entfalten.

Situativer Führungsstil:

Je nach Situation, zu entscheidender Frage, betroffenem Funktionsbereich und Niveau der beteiligten Mitarbeiter (Motivation, Leistungsfähigkeit und Leistungsbereitschaft) mehr autoritäres oder mehr kooperatives Vorgehen.

Je höher das Niveau desto kooperativer der Führungsstil. Von Bedeutung für die Wahl des Stils können auch sein: Unternehmenskultur, gesellschaftliches Umfeld, Branche.

Mehrdimensionaler Führungsstil:

Kombination aus zwei oder mehr Verhaltensaspekten, z. B. Kombination aus Personen- und Sachorientierung, jeweils auf einer Skala von 1 bis 9. Dementsprechend bedeuten die Extreme:

- 1.9 = reine Orientierung an den persönlichen Interessen der Mitarbeiter
- 9.1 = reine Sachorientierung ohne Rücksichtnahme auf persönliche Faktoren
- 1.1 Minimum an Aufwand
- 9.9 = hohe Sachorientierung verbunden mit Engagement und persönlicher Identifikation

Aufgabe 12   **(12 Punkte)**

a) Der Moderator hat die Aufgabe, die Konfliktparteien einzuladen und die Pflegekräfte zu ermutigen, ihre Empfindungen und Kritiken zur Sprache zu bringen. Danach können die Ärzte erklären, warum sie in manchen Situationen die OP-Pflegekräfte kritisieren und warum sie sich verspäten. Der Moderator muss eine neutrale Haltung einnehmen, aktiv zuhören und vermitteln. Ziel der Moderation ist, dass die Konfliktparteien künftig mehr Verständnis füreinander aufbringen, gegenseitige Kritiken positiver aufnehmen und besser zusammenarbeiten.

b) Mediation: Die Mediation ist eine freiwillige Gesprächsform zur Beilegung eines Konflikts. Dabei ist es wichtig, für beide Konfliktparteien das gleiche Verständnis aufzubringen und die Kommunikation zu fördern, um einen Konsens in Form von gegenseitiger Duldung und Koexistenz zu erreichen.

Harvard-Konzept: Das Harvard-Konzept ist eine Gesprächsform, die sich am sachbezogenen Handeln orientiert. Hierbei gilt es die Sachebene von der Beziehungsebene (Emotionen) zu trennen, um einen konstruktiven Kompromiss zu erreichen.

Jeder-gewinnt-Methode: Die „Jeder-gewinnt-Methode" ist eine Gesprächsform, in der unterschiedliche Kritikpunkte so behandelt werden, dass das Ergebnis für alle Beteiligten von Vorteil ist.

MODERATIONS- UND PRÄSENTATIONSTECHNIK

In diesem Kapitel wollen wir Ihnen eine Hilfestellung geben, wie Sie eine Präsentation für die mündliche Prüfung vorbereiten und halten. Manches haben Sie sicher schon einmal gehört und viele erscheinen selbstverständlich. Jedoch werden oft „selbstverständliche" Regeln vergessen. Damit wird eine Präsentation unübersichtlich oder langweilig. Versuchen Sie, die Ratschläge trotz aller Aufregung zu beherzigen.

Denn nicht nur Ihre Präsentation soll toll aussehen, sondern auch Sie sollen glänzen. Und beherzigen Sie immer den Ratschlag von Martin Luther: „Tritt forsch auf – Mach's Maul auf – Hör bald auf!".

GOLDENE REGELN FÜR EINEN GUTEN VORTRAG

Vor dem Vortrag

- Bereiten Sie sich sehr gut vor. Das gibt Ihnen Sicherheit und Sie behalten in kritischen Situationen das „Heft in der Hand".
- Üben Sie den Vortrag vor Eltern, Bekannten oder Freunden. Das gibt die Sicherheit, um auch vor Unbekannten souverän aufzutreten. Achten Sie darauf, ob Ihnen die Formulierungen leicht fallen und ob die Vortragszeit ausreicht – man wundert sich oft, wie schnell die Zeit vergeht.
- Probieren Sie alle Geräte und Medien vor dem Vortrag aus und machen Sie sich mit Ihnen vertraut (Beamer, Flipchart, usw.).
- Seien Sie 15 Minuten vor Ihrem Auftritt da!

- Viele Ausschüsse erwarten Kopien der verwendeten Charts. Nehmen Sie vier davon mit!

Während des Vortrags

- Bleiben Sie Sie selber und verhalten Sie sich natürlich!
- (Verständlicher) Dialekt hat Charme.
- Keine gewollt lustigen Auflockerungen, die nicht zu Ihnen passen.
- Halten Sie Blickkontakt zu allen Zuhörern.
- Fangen Sie lebendig an – es ist kein Fehler, die ersten Sätze auswendig zu lernen!
- Unterstützen Sie Ihre verbalen Botschaften visuell.
- Bringen Sie am Schluss Ihre Kernaussagen auf den Punkt. Es kann nützlich sein, auch den letzten Satz wörtlich vorzubereiten!
- Ein Chart: „Vielen Dank für Ihre Aufmerksamkeit" ist albern!

DIE PHASEN EINER ERFOLGREICHEN PRÄSENTATION

Ein klarer Aufbau der Präsentation hilft Ihnen, die Aufmerksamkeit der Zuhörer zu wecken und zu behalten. Die Phasen, die Sie bei der Erstellung einer Präsentation durchlaufen, sind an sich immer ähnlich. Jede Phase hat dabei ein eigenes Ziel. Versuchen Sie, die Zielsetzung bei der Erstellung und Umsetzung der Präsentation nicht aus den Augen zu verlieren:

1. Vorbereitung: Stellen Sie sich auf Thema und Zuhörer ein.
2. Einleitung: Wecken Sie Interesse und Aufmerksamkeit. Schaffen Sie eine harmonische Atmosphäre. Nennen Sie das Thema und stellen Sie sich kurz vor.
3. Hauptteil: Leisten Sie argumentative Überzeugungsarbeit!

4. Schluss: Fordern Sie die Zuhörer zum Handeln auf.

Vorbereitung

Je gründlicher Sie sich vorbereiten, umso überzeugender können Sie Ihre „Message" darstellen. Hier einige Handlungsempfehlungen:

- Wählen Sie sich am besten ein eng umrissenes Thema, in dem Sie zu Hause sind. Manche Prüflinge wählen ein viel zu großes Thema, manche überfordern sich auch. Bedenken Sie, dass das anschließende Fachgespräch meistens direkt von Ihrem Thema ausgeht – und dann ist es dumm, wenn man selbst darin gar nicht zu Hause ist!

- Sie sollen zeigen, dass Sie ein Problem erkennen und Ansatzpunkte zur Lösung erarbeiten können. Also keine Beschreibung über einen schönen Tag der offenen Tür, den Ihr Altenheim vielleicht einmal durchgeführt hat, und ebenso wenig ein Thema aus dem Lehrbuch.

- Recherchieren Sie für die inhaltliche Vorbereitung gründlich und vollständig. Achten Sie vor allem darauf, dass die Inhalte logisch und verständlich aufgebaut sind. Vorsicht bei der Übernahme „toller" Präsentationen von anderen! Sie glauben gar nicht, wie schnell Ihre Zuhörer merken, wenn Sie nicht authentisch sind!

- Planen Sie den Ablauf der Präsentation im Voraus. Überfrachten Sie sie nicht durch zu viele Informationen. Jeder Zuhörer ist nur begrenzt aufnahmefähig. Weniger ist mehr! Die Präsentationsdauer wird Ihnen durch die Zeitvorgabe in der Prüfung schon abgenommen: Nicht mehr als 10 Minuten!

- Bereiten Sie zunächst den Hauptteil vor. Der Einstieg ergibt sich leicht aus Ihrer Argumentation.

- Erstellen Sie übersichtliche Präsentationsunterlagen. Bewährt haben sich die eher einfachen Hilfsmittel wie Folien oder Flipcharts.

Verwenden Sie Laptop und Beamer, so müssen Sie unter Umständen beides mitbringen und unter Zeitdruck aufbauen. Und den berühmten Vorführeffekt kennen Sie ja – er kostet immer Nerven, Nerven, die Sie gerade jetzt brauchen!

- Achten Sie auf ausreichende Schriftgröße! Es gibt kaum etwas Ärgeres, als wenn ein Vortragender Texte vorliest! Anhaltspunkt: Bei der Powerpoint Präsentation nicht unter 30 Punkt. Die Schriftgröße dieses Textes ist 11 Punkt.

Dies ist 30 Punkt!

- Lange Texte gehören überhaupt nicht auf die Charts! Die Charts sollen Ihren Vortrag unterstreichen und bildhaft Ihre Aussagen verstärken – aber nicht den Vortrag ersetzen. Also auch: Bilder einbauen! Und nicht mehr als drei bis vier Textzeilen!
- Gehen Sie Ihre Präsentation vorher gedanklich durch. Wenn Sie mit einem „Spickzettel" arbeiten, achten Sie auf gute Lesbarkeit.
- Stellen Sie sich auf Zwischenfragen und Gegenargumente ein. So behalten Sie selbst in kritischen Situationen Ruhe.

Einleitung

Mit der Einleitung sollten sie die Aufmerksamkeit Ihrer Zuhörer gewinnen. Beginnen Sie am besten mit einem begeisternden Einstieg: einem spannenden Beispiel, einer humorvollen Anekdote, einem persönlichen Erlebnis oder einem aktuellen Ereignis. Begrüßen Sie das „Publikum, nennen Sie das Thema und stellen Sie sich vor. Sagen Sie den Zuhörern, was sie erwartet und heben Sie den Nutzen hervor.

Hauptteil

Überzeugen Sie Ihre Zuhörer argumentativ. Gehen Sie dabei strategisch geschickt vor. Nennen Sie beispielsweise nicht gleich die Lösung, sondern überzeugen Sie Schritt für Schritt: Beschreiben Sie zunächst die Ist-Situation, schildern Sie die Schwachstellen. Beschreiben Sie im Anschluss den Soll-Zustand und zeigen dann Lösungsalternativen mit Vor- und Nachteilen auf. Sprechen Sie abschließend eine Empfehlung aus und zeigen Sie, welchen Nutzen die Zuhörer davon haben. Verraten Sie auch, wie diese Lösung umgesetzt werden kann.

Sprechen Sie auch das Gefühl des Zuhörers an:

- Eine Rede ist besonders wirkungsvoll, wenn nicht nur der Kopf, sondern auch das Herz und Gefühl angesprochen wird.
- Menschen werden zu 80 Prozent von Gefühlen und nur zu 20 Prozent von rationalen Überlegungen gesteuert.
- Beziehen Sie den Zuhörer mit „Wir / Sie / Ihr" und Fragen ein.
- Bilder, Beispiele und Vergleiche machen Ihre Aussagen anschaulich.

Sprechen Sie den Verstand des Zuhörers an:

- Eine gute „Unterhaltungs-Show" reicht nicht.
- Ein guter Vortrag überzeugt erst mit inhaltlicher Substanz.
- Untermauern Sie Ihre Argumente mit aussagekräftigen Fakten, Zahlen und Belegen.

Schluss

Fassen Sie die wichtigsten Informationen noch einmal in kompakter Form zusammen. Beschränken Sie sich nur auf die wichtigsten Aspekte und nennen Sie noch einmal die Vorteile Ihrer Lösung.

VERORDNUNG ÜBER DIE PRÜFUNG ZUM ANERKANNTEN FORTBILDUNGSABSCHLUSS GEPRÜFTER FACHWIRT IM GESUNDHEITS- UND SOZIALWESEN UND GEPRÜFTE FACHWIRTIN IM GESUNDHEITS- UND SOZIALWESEN

Bundesgesetzblatt Jahrgang 2011 Teil I Nr. 42, ausgegeben zu Bonn am 4. August 2011 (nichtamtlicher Auszug)

Vom 21. Juli 2011

§ 1 Ziel der Prüfung und Bezeichnung des Fortbildungsabschlusses

(1)   Die zuständige Stelle kann berufliche Fortbildungsprüfungen zum „Geprüften Fachwirt im Gesundheits- und Sozialwesen" und zur „Geprüften Fachwirtin im Gesundheits- und Sozialwesen" nach den §§ 2 bis 9 durchführen, in denen die auf einen beruflichen Aufstieg abzielende Erweiterung der beruflichen Handlungsfähigkeit nachzuweisen ist.

(2)   Durch die Prüfung ist festzustellen, ob die notwendigen Qualifikationen und Erfahrungen vorhanden sind, um in verschiedenen Bereichen und Einrichtungen des Gesundheits- und Sozialwesens, insbesondere in ambulanten, stationären und teilstationären Einrichtungen, Organisationen, Institutionen und Verbänden als auch bei einer selbstständigen Tätigkeit, eigenständig komplexe fachliche und verantwortliche Aufgaben der Planung, Führung, Organisation und Kontrolle unter Nutzung betriebswirtschaftlicher und personalwirtschaftlicher Steuerungsinstrumente auszuüben. Die Quali-

fikation umfasst die Befähigung, den Dienstleistungsprozess auch als Wertschöpfungsprozess zu verstehen und eigenverantwortlich personal- und betriebswirtschaftliche Aufgaben- und Problemstellungen unter Beachtung umfassender Qualitätsmanagementmaßnahmen einer zielgerichteten Lösung zuzuführen. Neue Strategien, Strukturen, Systeme, Prozesse oder Verhaltensweisen sind in der Organisation umzusetzen. Auszubildende, Mitarbeiter und Teams sollen geleitet und motiviert werden. Ferner ist nachzuweisen, dass zur Gestaltung eines anforderungsgerechten Dienstleistungsprozesses die Möglichkeiten von interdisziplinärer Zusammenarbeit mit internen und externen Partnern sowie multiprofessioneller Teamarbeit erkannt und genutzt werden. Bei der Steuerung und Optimierung aller betrieblichen Vorgänge sind wirtschaftliche und rechtliche sowie soziale, ökologische und ethische Grundsätze zu beachten und regionale, nationale und internationale Rahmenbedingungen zu berücksichtigen.

Hierzu gehören insbesondere:

1. Planen, Organisieren, Steuern, Überwachen und Optimieren betrieblicher Prozesse,

2. Beschaffen, Führen und Entwickeln von Personal sowie Qualifizierung der Mitarbeiter durch Aus- und Weiterbildung,

3. Lenken der Kommunikationsprozesse und Gestalten von internen sowie externen Schnittstellen,

4. Erfassen von Leistungserstellungsprozessen, Ermitteln, Interpretieren und Beurteilen von steuerungsrelevanten Daten sowie Einsetzen von Steuerungsinstrumenten,

5. Entwickeln und Ausgestalten von Unternehmenszielen und -strategien, Vorbereiten und Umsetzen unternehmerischer Entscheidungen,

6. Vorbereiten der Finanz- und Investitionsplanung, Entwickeln und Umsetzen von Finanzierungs- und Investitionskonzepten,

7. Steuern und Optimieren von Qualitätsmanagementprozessen,

8. Planen, Organisieren, Koordinieren, Überwachen und Evaluieren von Projekten,

9. Planen und Durchführen von Marketingmaßnahmen.

(3) Die erfolgreich abgelegte Prüfung führt zum anerkannten Fortbildungsabschluss „Geprüfter Fachwirt im Gesundheits- und Sozialwesen" oder „Geprüfte Fachwirtin im Gesundheits- und Sozialwesen".

§ 2 Zulassungsvoraussetzungen

(1) Zur Prüfung ist zuzulassen, wer

1. eine mit Erfolg abgelegte Abschlussprüfung in einem anerkannten nach dem Berufsbildungsgesetz oder der Handwerksordnung geregelten kaufmännischen, verwaltenden, medizinischen oder handwerklichen Ausbildungsberuf des Gesundheits- und Sozialwesens und danach eine mindestens einjährige Berufspraxis oder

2. eine mit Erfolg abgelegte Abschlussprüfung in einembundesrechtlich geregelten Beruf im Gesundheitswesen oder einem dreijährigen landesrechtlich geregelten Beruf im Gesundheits- und Sozialwesen und eine mindestens einjährige Berufspraxis oder

3. ein mit Erfolg abgeschlossenes einschlägiges Hochschulstudium und eine mindestens zweijährige Berufspraxis oder

4. eine mit Erfolg abgelegte Abschlussprüfung in einem sonstigen anerkannten kaufmännischen, verwaltenden oder hauswirt-

schaftlichen Ausbildungsberuf und danach eine mindestens zweijährige Berufspraxis oder

5. eine mindestens fünfjährige Berufspraxis

nachweist.

(2) Die Berufspraxis nach Absatz 1 muss inhaltlich wesentliche Bezüge zu den in § 1 Absatz 2 genannten Aufgaben haben. Dabei sind auch ehrenamtliche Tätigkeiten zu berücksichtigen.

(3) Abweichend von Absatz 1 ist zur Prüfung auch zuzulassen, wer durch Vorlage von Zeugnissen oder auf andere Weise glaubhaft macht, Fertigkeiten, Kenntnisse und Fähigkeiten (berufliche Handlungsfähigkeit) erworben zu haben, die die Zulassung zur Prüfung rechtfertigen.

§ 3 Gliederung und Durchführung der Prüfung

(1) Die Prüfung ist schriftlich und mündlich durchzuführen.

(2) Die Prüfung bezieht sich auf die folgenden Handlungsbereiche:

1. Planen, Steuern und Organisieren betrieblicher Prozesse,

2. Steuern von Qualitätsmanagementprozessen,

3. Gestalten von Schnittstellen und Projekten,

4. Steuern und Überwachen betriebswirtschaftlicher Prozesse und Ressourcen,

5. Führen und Entwickeln von Personal,

6. Planen und Durchführen von Marketingmaßnahmen.

(3) Die schriftliche Prüfung wird in den im Absatz 2 genannten Handlungsbereichen auf der Grundlage einer betrieblichen Situationsbeschreibung mit zwei aufeinander abgestimmten, gleichgewichtigen, daraus abgeleiteten Aufgabenstellungen durchgeführt, wobei insgesamt alle sechs Handlungsbereiche thematisiert werden.

Die Rechtsverordnung

Die gesamte Bearbeitungsdauer soll 600 Minuten nicht unterschreiten und 630 Minuten nicht überschreiten.

Die Punktebewertung für das Ergebnis der schriftlichen Prüfungsleistung ist gleichgewichtig aus den beiden schriftlichen Teilergebnissen zu bilden.

(4) Nach bestandener schriftlicher Prüfung wird die mündliche Prüfung durchgeführt. Diese gliedert sich in Präsentation und Fachgespräch.

(5) Anhand der Präsentation soll nachgewiesen werden, dass eine komplexe Problemstellung der betrieblichen Praxis erfasst, dargestellt, beurteilt und gelöst werden kann. Die Themenstellung muss sich auf den Handlungsbereich „Führen und Entwickeln von Personal" und auf einen weiteren frei wählbaren Handlungsbereich gemäß Absatz 2 beziehen. Dabei soll die Dauer der Präsentation zehn Minuten betragen. Die Präsentation geht mit einem Drittel in die Bewertung der mündlichen Prüfung ein.

(6) Das Thema der Präsentation wird vom Prüfungsteilnehmer oder der Prüfungsteilnehmerin selbst formuliert und mit einer Kurzbeschreibung dem Prüfungsausschuss bei der ersten schriftlichen Prüfungsleistung eingereicht.

(7) Im Fachgespräch soll ausgehend von der Präsentation nachgewiesen werden, dass auch in weiteren in Absatz 2 aufgeführten Handlungsbereichen des Gesundheits- und Sozialwesens komplexe fachliche Sachverhalte und Zusammenhänge beurteilt sowie Lösungen und Vorgehensweisen vorgeschlagen und begründet werden können. Das Fachgespräch soll nicht länger als 20 Minuten dauern.

(8) Die mündliche Prüfung nach Absatz 4 ist nur durchzuführen, wenn in den schriftlichen Prüfungsleistungen nach Absatz 3 mindestens ausreichende Leistungen erbracht wurden.

§ 4 Inhalt der Prüfung

(1)   Im Handlungsbereich „Planen, Steuern und Organisieren betrieblicher Prozesse" soll die Fähigkeit nachgewiesen werden, komplexe betriebliche Prozesse unter Berücksichtigung volkswirtschaftlicher Zusammenhänge und betrieblicher Problemstellungen sowie wirtschaftlicher und rechtlicher Rahmenbedingungen des Gesundheits- und Sozialwesens zu analysieren, zu planen, zu steuern, zu organisieren und zu überwachen.

Betriebliche Ziele und Strategien sollen unter Beachtung von ökonomischen, ökologischen, ethischen und sozialen Aspekten der Nachhaltigkeit entwickelt, umgesetzt und evaluiert werden. Dabei sind Organisationskonzepte und Managementtechniken zur effektiven Prozesssteuerung im Unternehmen einzusetzen und Strategien zur Steigerung der Markt- und Innovationsfähigkeit zu entwickeln und umzusetzen. Unternehmerische Entscheidungen sollen vorbereitet und realisiert werden. Dabei soll die Fähigkeit nachgewiesen werden, sich auf verändernde Methoden und Systeme der Arbeitsorganisation sowie der Organisations-entwicklung einzustellen sowie den Wandel im Unternehmen mitzugestalten und zu fördern.

In diesem Rahmen können folgende Qualifikationsinhalte geprüft werden:

1. Erläutern der Prinzipien, Strukturen und Aufgaben sowie der ökonomischen Prozesse des Gesundheits- und Sozialwesens unter Einbeziehung volkswirtschaftlicher Zusammenhänge und sozialer Auswirkungen,

2. Einordnen der Gesundheits- und Sozialpolitik in den nationalen und europäischen Kontext,

3. Erläutern rechtlicher und institutioneller Rahmenbedingungen von Einrichtungen im Gesundheits- und Sozialwesen,

4. Entwickeln, Planen, Umsetzen und Evaluieren von betrieblichen Zielen,

5. Beurteilen komplexer betrieblicher Zusammenhänge sowie Entwickeln und Umsetzen strategischer Handlungsmöglichkeiten,

6. Gestalten und Optimieren von Prozessen,

7. Anwenden von Organisationstechniken,

8. Steuern betrieblicher Veränderungsprozesse.

(2) Im Handlungsbereich „Steuern von Qualitätsmanagementprozessen" soll die Fähigkeit nachgewiesen werden, unter Berücksichtigung von Prinzipien des Qualitätsmanagements in Einrichtungen des Gesundheits- und Sozialwesens ein Qualitätsmanagement umzusetzen und weiterzuentwickeln. Dabei sollen Qualitätsmanagementprozesse geplant, gelenkt, überprüft und optimiert, interne Audits durchgeführt sowie das Qualitätsbewusstsein der Mitarbeiter gefördert werden.

In diesem Rahmen können folgende Qualifikationsinhalte geprüft werden:

1. Ermitteln und Festlegen von Qualitätszielen,

2. Anwenden von Qualitätsmanagementmethoden und -techniken,

3. Erfassen und Bewerten von Prozessdaten sowie Ermitteln von Qualitätsindikatoren,

4. Weiterentwicklung eines Risikomanagements,

5. Anwenden von Methoden des Zeit- und Selbstmanagements.

(3) Im Handlungsbereich „Gestalten von Schnittstellen und Projekten" soll die Fähigkeit nachgewiesen werden, interne und externe Schnittstellen zu analysieren, zu planen, zu gestalten und zu kontrollieren. Dabei soll multiprofessionelle Teamarbeit organisiert und geformt sowie Kommunikationsprozesse zwischen den beteiligten

Personen und Institutionen gesteuert werden. Es ist nachzuweisen, dass interdisziplinäre Kooperationsnetzwerke aufgebaut, entwickelt und gestaltet werden können. Hierbei sind Prinzipien und Methoden des Projektmanagements anzuwenden sowie Moderations- und Präsentationstechniken einzusetzen. In diesem Rahmen können folgende Qualifikationsinhalte geprüft werden:

1. Ermitteln von Schnittstellen, Planen, Organisieren, Gestalten und Pflegen von interdisziplinären Kooperationsbeziehungen und vernetzten Versorgungsformen unter Berücksichtigung der sozialökonomischen und rechtlichen Rahmenbedingungen,

2. Organisieren und Gestalten der Kommunikation zwischen den Berufsgruppen und von multiprofessioneller Teamarbeit,

3. Planen, Organisieren, Koordinieren, Überwachen und Evaluieren von Projekten und Projektgruppen.

(4) Im Handlungsbereich „Steuern und Überwachen betriebswirtschaftlicher Prozesse und Ressourcen" soll die Fähigkeit nachgewiesen werden, das interne und externe Rechnungswesen als Dokumentations-, Entscheidungs- und Kontrollinstrument zur Optimierung betriebswirtschaftlicher Abläufe und für unternehmerische Entscheidungen zu nutzen. Dabei sind Controlling-Maßnahmen durchzuführen. Des Weiteren sollen Entscheidungprozesse bei der Beschaffung von Verbrauchs- und Investitionsgütern vorbereitet, gesteuert und umgesetzt sowie die Bereitstellung von Betriebsmitteln auch unter logistischen Gesichtspunkten gesichert werden. Dazu werden die Wirtschaftlichkeit von Leistungserstellungsprozessen analysiert und bewertet sowie steuerungsrelevante Daten ermittelt. Es ist nachzuweisen, dass unter Einschätzung und Bewertung von Risiken Finanz- und Investitionsplanungen vorbereitet sowie Finanzierungs- und Investitionskonzepte entwickelt und umgesetzt werden können. Beim Steuern und Überwachen betriebswirtschaft-

licher Prozesse und Ressourcen sind die rechtlichen Bestimmungen zu berücksichtigen. In diesem Rahmen können folgende Qualifikationsinhalte geprüft werden:

1. Vorbereiten und Koordinieren von Jahresabschlussarbeiten,
2. Erläutern von Finanzierungssystemen im Gesundheits- und Sozialwesen,
3. Durchführen von Kosten- und Leistungsrechnung,
4. Einsatz von Controlling-Instrumenten,
5. Ermitteln, Auswerten und Beurteilen von betrieblichen Kennzahlen,
6. Vorbereiten der Finanz- und Investitionsplanung, Entwickeln und Umsetzen von Finanzierungs- und Investitionskonzepten.

(5) Im Handlungsbereich „Führen und Entwickeln von Personal" soll die Fähigkeit nachgewiesen werden, den Personalbedarf zu ermitteln, den Personaleinsatz zu planen, das Personal auszuwählen und zu beschaffen sowie Personalmaßnahmen umzusetzen. Aus- und Weiterbildung soll geplant, durchgeführt und kontrolliert sowie eine systematische Personalentwicklung und Personalförderung entsprechend den betrieblichen Erfordernissen organisiert werden. Dabei soll gezeigt werden, dass Mitarbeiter, Auszubildende und Teams im Sinne der Unternehmensziele unter Berücksichtigung rechtlicher Bestimmungen und soziokultureller Hintergründe geführt, angeleitet und motiviert sowie Kommunikationsprozesse gestaltet werden können. Maßnahmen zur Verbesserung des Betriebsklimas sollen eingeleitet werden. Des Weiteren soll bei Verhandlungen und in Konfliktfällen lösungsorientiert gehandelt werden. Bei den Personalführungsmaßnahmen sind die arbeits-, haftungs- und tarifrechtlichen Vorschriften sowie die Vorgaben des betrieblichen Gesundheitsschutzes zu beachten.

In diesem Rahmen können folgende Qualifikationsinhalte geprüft werden:

1. Planen, Beschaffen, Auswählen und Einsetzen von Personal,
2. Durchführen von Personalmaßnahmen,
3. Planen und Durchführen der Ausbildung,
4. Anleiten, Fördern und Motivieren von Mitarbeitern, Auszubildenden und Teams unter Beachtung von Personalzufriedenheit,
5. Beurteilen von Personalentwicklungspotenzialen sowie Festlegen und Evaluieren von Personalentwicklungszielen,
6. Anwenden des Konfliktmanagements.

(6)   Im Handlungsbereich „Planen und Durchführen von Marketingmaßnahmen" soll die Fähigkeit nachgewiesen werden, unter Berücksichtigung der Marktsituation im Dienstleistungssektor Gesundheit und Soziales sowie der rechtlichen Rahmenbedingungen Marketingkonzepte zu planen, zu entwickeln und zu realisieren.

Marketingziele und -maßnahmen sind auch zur Mittelbeschaffung umzusetzen und zu kontrollieren. Dabei sollen Marktinformationen gewonnen und bewertet werden.

In diesem Rahmen können folgende Qualifikationsinhalte geprüft werden:

1. Durchführen von Marktanalysen,
2. Formulieren von Marketingzielen,
3. Planen und Entwickeln von Marketingkonzepten,
4. Einführen und Umsetzen von Marketing-, Sponsoring- und Fundraising-Maßnahmen, auch unter Berücksichtigung der besonderen Situation von Non-Profit-Leistungsbereichen,
5. Einsetzen von Methoden des Sozialmarketings,

6. Durchführen von Maßnahmen im Gesundheits-Marketing.

§ 5 Anrechnung anderer Prüfungsleistungen

Der Prüfungsteilnehmer oder die Prüfungsteilnehmerin ist auf Antrag von der Ablegung einzelner Prüfungsbestandteile durch die
zuständige Stelle zu befreien, wenn eine andere vergleichbare Prüfung vor einer öffentlichen oder staatlich anerkannten Bildungsein-
richtung oder vor einem staatlichen Prüfungsausschuss erfolgreich
abgelegt wurde, und die Anmeldung zur Fortbildungsprüfung innerhalb von fünf Jahren nach der Bekanntgabe des Bestehens der
anderen Prüfung erfolgt.

§ 6 Bewerten der Prüfungsleistungen und Bestehen der Prüfung

(1) Die schriftliche und die mündliche Prüfung sind jeweils gesondert zu bewerten. Die Prüfung ist bestanden, wenn sowohl in
der schriftlichen als auch in der mündlichen Prüfung mindestens
ausreichende Leistungen erbracht wurden.

(2) Über das Bestehen der Prüfung ist jeweils ein Zeugnis nach
der Anlage 1 und 2 auszustellen. Im Fall der Freistellung nach § 5
sind Ort und Datum der anderweitig abgelegten Prüfung sowie die
Bezeichnung des Prüfungsgremiums anzugeben.

§ 7 Wiederholung der Prüfung

(1) Eine Prüfung, die nicht bestanden ist, kann zweimal wiederholt
werden.

(2) Wer auf Antrag an einer Wiederholungsprüfung teilnimmt und
sich innerhalb von zwei Jahren, gerechnet vom Tage der nicht be-
standenen Prüfung an, dazu anmeldet, ist von einzelnen Prüfungsleistungen zu befreien, wenn die dort in einer vorangegangenen
Prüfung erbrachten Leistungen mindestens ausreichend sind. Der

Antrag kann sich auch darauf richten, bestandene Prüfungsleistungen einmal zu wiederholen. Werden bestandene Prüfungsleistungen erneut geprüft, gilt in diesem Fall das Ergebnis der letzten Prüfung.

§ 8 Ausbildereignung

(1) Der Prüfungsteilnehmer oder die Prüfungsteilnehmerin kann nach erfolgreichem Abschluss der Prüfung zum „Geprüften Fachwirt im Gesundheits- und Sozialwesen" oder zur „Geprüften Fachwirtin im Gesundheits- und Sozialwesen" beantragen, eine zusätzliche Prüfung zum Nachweis der berufs- und arbeitspädagogischen Qualifikationen abzulegen. Diese besteht aus einer Präsentation oder der praktischen Durchführung einer Ausbildungssituation und einem Fachgespräch. Der Teilnehmer oder die Teilnehmerin wählt dazu eine Ausbildungssituation aus. Die Auswahl und Gestaltung der Ausbildungssituation ist in dem Gespräch zu begründen. Die Dauer der praktischen Prüfung soll höchstens 30 Minuten betragen. Die zusätzliche Prüfung ist bestanden, wenn mindestens ausreichende Leistungen erbracht wurden.

(2) Wer die Prüfung zum „Geprüften Fachwirt im Gesundheits- und Sozialwesen" oder zur „Geprüften Fachwirtin im Gesundheits- und Sozialwesen" nach dieser Verordnung bestanden hat, ist vom schriftlichen Teil der Prüfung der nach dem Berufsbildungsgesetz erlassenen Ausbilder-Eignungsverordnung befreit. Wer auch die zusätzliche Prüfung nach Absatz 1 bestanden hat, hat die berufs- und arbeitspädagogischen Fertigkeiten, Kenntnisse und Fähigkeiten nach dem Berufsbildungsgesetz nachgewiesen. Dem Prüfungsteilnehmer oder der Prüfungsteilnehmerin ist ein Zeugnis auszustellen, aus dem hervorgeht, dass die berufs- und arbeitspädagogische Qualifikation nach § 30 Absatz 5 des Berufsbildungsgesetzes nachgewiesen wurde.

§ 9 Übergangsvorschriften

(2) Begonnene Prüfungsverfahren zum Fachwirt/zur Fachwirtin im Sozial- und Gesundheitswesen (IHK), zum Fachwirt/zur Fachwirtin für die Alten- und Krankenpflege (IHK), zum Fachwirt/zur Fachwirtin für die betriebswirtschaftliche Leitung von Pflegeeinrichtungen (IHK), zum Fachwirt/zur Fachwirtin für soziale Dienstleistungen (IHK), zum Sozialwirt/zur Sozialwirtin (IHK), zum Betriebssozialwirt/zur Betriebssozialwirtin (IHK) sowie zum Betriebswirt/zur Betriebswirtin für Management im Gesundheitswesen (ÄZK/ZÄK) können bis zum 31. Juli 2015 nach den bisherigen Vorschriften zu Ende geführt werden. Im Übrigen kann bei der Anmeldung zur Prüfung bis zum Ablauf des 30. Juni 2013 die Anwendung der bisherigen Vorschriften beantragt werden.

(2) Die zuständige Stelle kann auf Antrag des Prüfungsteilnehmers oder der Prüfungsteilnehmerin die Wiederholungsprüfung nach dieser Verordnung durchführen; § 7 Absatz 2 findet in diesem Fall keine Anwendung.

Der DIHK-Rahmenplan

Der DIHK hat einen Rahmenplan entwickelt, der detaillierter die einzelnen Inhalte wiedergibt, aus denen auch die Prüfung zusammengestellt wird. Im Folgenden sind nur seine Kernaussagen dargestellt. Interessenten können ihn bestellen bei bestellservice@verlag.dihk.de.

1. Planen, Steuern und Organisieren betrieblicher Prozesse

Hier sollen Sie nachweisen, dass Sie komplexe betriebliche Prozesse unter Berücksichtigung volkswirtschaftlicher Zusammenhänge und der Rahmenbedingungen des Gesundheits- und Sozialwesens analysieren, planen, steuern, organisieren und überwachen können. Ökologische und Fragen und Nachhaltigkeit spielen hier hinein. Unternehmerische Entscheidungen sollen vorbereitet und realisiert werden.

Hierzu gehören

- Prinzipien, Strukturen und Aufgaben sowie der ökonomischen Prozesse des Gesundheits- und Sozialwesens unter Einbeziehung der volkswirtschaftlichen Zusammenhänge (modernes Staatswesen, Wirtschaftsordnungen, Funktion des Gesundheits- und Sozialwesens, Entscheidungen im Sozialwesen).

- Einordnen der Gesundheits- und Sozialpolitik in den nationalen und europäischen Zusammenhang (Sozialstaatsprinzip, Zuständigkeiten, Gesundheits- und Sozialpolitik der EU, Internationale Organisationen)

- Rechtliche und institutionelle Rahmenbedingungen von Einrichtungen im Gesundheits- und Sozialwesen (Voraussetzungen zur Gründung, Rechtsformen, Regelungen für den Betrieb)

- Planen, Umsetzen, Evaluieren von betrieblichen Zielen (Organisationsmodelle, Abweichungsanalyse usw.)
- Beurteilen komplexer betrieblicher Zusammenhänge, Entwickeln strategischer Handlungsmöglichkeiten (Strategisches Management, Matrix- u. a. Organisationen)
- Gestalten und Optimieren von Prozessen (Kundenansprüche, Behandlungspfade, Controlling)
- Organisationstechniken (Kommunikation und -systeme)
- Steuern betrieblicher Veränderungsprozesse (Organisationsentwicklung, Change Management, Methoden)

2. Steuern von Qualitätsmanagementprozessen

Hierzu gehören u. a.

- Ermitteln und Festlegen von Qualitätszielen.(Q Prävention, Umweltschutz) Qualitätsmanagementsysteme)
- Anwenden von Qualitätsmanagementmethoden und Techniken (Aufbau- und Ablauforganisation, Projekt- und Prozessmanagement, Moderations- und Kreativitätstechniken, Mitarbeiter und ihre Potentiale, Prozessoptimierung, Prozessanalysen, Kontinuierliche Entwicklungs- und Verbesserungsprozesse, Dokumentation)
- Erfassen und Bewerten von Prozessdaten, Ermitteln von Qualitätsindikatoren (Kennzahlen, Bewertung, Beschwerdemanagement, Audits, Zertifizierung)
- Risikomanagement (externe, interne Risiken, Instrumente wie z. B. Szenario-Methode, Prävention, Verhalten im Schadensfall)
- Zeit- und Selbstmanagement (Instrumente, Persönliche Entwicklung)

3. Gestalten von Schnittstellen und Projekten

Dazu gehören:

- Ermitteln von Schnittstellen, Planen, Organisieren von Kooperationen (interne und externe Schnittstellen, Kooperationsformen und Beziehungen)
- Organisieren der Kommunikation, multiprofessionelle Teamarbeit (Kommunikationsprozesse, Methoden der Kommunikation, Teamarbeit, Störungen)
- Planen, Organisieren Überwachen von Projekten und Projektgruppen (Projektmanagement, Projektgruppen, Organisation, Abschluss)

4. Steuern und Überwachen betriebswirtschaftlicher Prozesse und Ressourcen

Dazu gehören:

- Vorbereiten und Koordinieren von Jahresabschlussarbeiten. (Inventar, Bilanzschema, G+V, Auswertung)
- Finanzierungssysteme im Gesundheits- und Sozialwesen (Finanzierung in Deutschland, Gesundheitsfonds, Kranken- und Pflegeversicherung, Investitionskosten, Betriebskosten, Fürsorge- und Versorgungsbereiche)
- Kosten- und Leistungsrechnung (fixe und variable Kosten, Kostenarten, -stellen, -träger, Leistungsplanung, Budgetierung, Statistik, Preise, Landesbasisfallwert)
- Controlling (Aufgaben, strategische und operative Instrumente, Prozesskostenrechnung)
- Ermitteln, Auswerten von betrieblichen Kennzahlen (Systeme, Erfassen, auswerten, beurteilen)

- Finanz- und Investitionsplanung (Investitionsplan, Finanzierungsplan, Liquiditätsplan)

5. Führen und Entwickeln von Personal

Dazu gehören:

- planen, beschaffen, auswählen und einsetzen von Personal (Personalpolitik, Bedarfsplanung, Beschaffung, Auswahl, Personaleinsatz, Arbeitsvertrag, Entgeltformen, Stellenbeschreibung, Zeugnis)
- Durchführen von Personalmaßnahmen (Beurteilung, Freisetzung, Personalcontrolling, Urlaub, Mitbestimmung und andere arbeitsrechtliche Regelungen)
- Planen und durchführen der Ausbildung (Anforderungen an den Ausbildungsbetrieb, Beteiligte an der Ausbildung, Ausbilder, außer- und überbetriebliche Ausbildung, Prüfungen)
- Fördern und Motivieren von Mitarbeitern und Teams (Bedürfnisse, Teambildungsprozesse, Führungsgrundsätze, Führungsstile, Führungstechniken, Instrumente, Gruppen)
- Personalentwicklung (Ziele, Strategien, Analyse der Potentiale, PE-Maßnahmen, Controlling)
- Konfliktmanagement (Ursachen, Maßnahmen wie z. B. Mitarbeitergespräche, Prävention)

6. Planen und Durchführen von Marketingmaßnahmen

Hierzu gehören:

- Marktanalysen (Märkte, Marktsegmentierung, Marktforschung, Analyse, Prognosen)
- Marketingziele formulieren (Unternehmensgrundsätze, Ziele)

- Planen und Entwickeln von Marketingkonzepten (Marketingmaß-nahmen, Budget, Controlling)
- Umsetzen von Marketing-, Sponsoring- und Fundraising-Maßnahmen (Handlungsmöglichkeiten, Kommunikationspolitik – Werbung, Öffentlichkeitsarbeit, Persönlicher Verkauf, Verkaufs-förderung, Direktmarketing, Fundraising, Kontrahierungspolitik, Distributionspolitik, Servicepolitik, Marketing Mix)
- Sozialmarketing (Definition, Methoden, Lobbyarbeit, Zusammen-arbeit, Spezifische Erscheinungsformen)
- Durchführung von Maßnahmen im Gesundheitsmarketing (Spezi-fische Maßnahmen, Netzwerke)

INDEX

Index

Index

Die dürfen Fachwirte mit in die IHK-Prüfung nehmen:

Rechtsanwalt Sebastian Marxhausen
Gesetzestexte für Fachwirte

In dieser speziellen Gesetzessammlung finden Sie 47 gesetzliche Vorschriften, die für alle Fachwirte von Belang sind, teilweise in Auszügen. Vom Allgemeinen Gleichbehandlungsgesetz über BGB, HGB, Arbeits- und Wettbewerbsrecht bis zur Zivilprozessordnung.

Ihr Vorteil:
- Abgestimmt auf die Rahmenstoffpläne vieler Fachwirte-Studiengänge.*
- Alles in einem Band – kein überflüssiger Ballast, kein langes Suchen, kein Vertun oder Vergreifen.
- Mit Querverweisen auf andere Gesetze
- Jährlich aktualisiert
- Günstiger Preis: Allein die Summe der Einzelbände für BGB, HGB, Arbeitsgesetze,

Wettbewerbsrecht, Jugendrecht, Steuergesetze und Lohnsteuerdurchführungsverordnung kostet sonst ein Mehrfaches.

- Detaillierte Inhaltsübersicht mit den einzelnen Paragrafen

Gesetzestexte für Fachwirte, 4. Auflage 2016, 1072 Seiten 19,90 € (Die Gesetzestexte werden jährlich neu aufgelegt)
ISBN 978-3-7949-0905-6

Für einzelne Fachwirte- Studiengänge kann es notwendig sein, zusätzlich mit noch weiteren Gesetzen zu arbeiten: Bitte fragen Sie Ihren Fachdozenten.

weConsult-Verlag
Der Spezialist für Weiterbildung und Berufspraxis
In jeder Buchhandlung